JN115191

国際法・外交ブックレット❶

# 為替操作、政府系ファンド、途上国債務と国際法

中谷和弘 著

東信堂

## 国際法・外交ブックレット刊行の辞

　出版事情が厳しい昨今、分厚い書籍は良書であっても忙しい現代人にはおよそフィットせず、また通勤・通学における持ち運びを考えれば尚更そうである。我々は「あらゆる書物は長すぎる」というヴォルテールのような過激な主張をするつもりはないが、薄くて安価だが役に立つブックレットこそが現代の多くの読者が求めているものであると考える。

　特に、目まぐるしい勢いで変転している国際社会の諸課題について、国際社会の共通ルールである国際法の観点からコンパクトな解説や指針を与えてくれるブックレットの刊行は、時代の要請でもある。新聞やテレビにおいては、重要な事件についての国際関係からの解説は無数といってもよいほどあるが、「国際法に照らして問題がある」とか「国際法上ありえない」などの指摘があるにもかかわらず、国際法の観点からの解説は極めて少ないのが実状だからである。

　このような観点から、我々は、このたび国際法・外交ブックレットのシリーズの編者をお引き受けし、同シリーズを刊行することにした。

　本シリーズは、大きな影響を及ぼす（及ぼした）国際的事件についての解説を主軸におきつつ、国際法に関する基礎知識を解説するもの、過去の重要な条約の概観、国際法や外交上の功績のあった者の伝記等も刊行する予定である。

　ブックレットは、特に最新の事件については書下ろしとなるであろうが、必ずしもそうである必要はなく、専門的な書籍や学術誌等に発表されたものを専門外の読者の用に供するために若干のアップデートを施して刊行するものもある。また、アカデミックな会合での諸報告の記録として刊行することも考えている。学生には格好のゼミのテーマを提供することになるであろうし、一般読者にとってはホット・トピックについての新聞やテレビでは得られない本質に迫る解説を得られることになろう。もし読者がさらに深く検討したいと考えるならば、編者の目的は十分達成されることになる。「有益な書物とは読者に補足を求めずにおかぬような書物」（ヴォルテール）だからである。

　本シリーズを通じて国際法を理解し「国際社会における法の支配」を重視する読者が増えれば、我々としてこれにまさる喜びはない。

　　2019 年 7 月 26 日

京都大学教授　浅田正彦

東京大学教授　中谷和弘

# はじめに

　国際金融は、その重要性にもかかわらず、国際法学においては不人気な分野である。私自身は、ここ10年余の間に、東京大学の先輩教授に献呈した3つの記念・追悼論文集に、為替操作、政府系ファンド、途上国債務という国際金融に関連する論文を寄稿する機会があった。本書はこれらの3論文を再録するとともに、短い補足を付したものである。

　過日、日本学術会議で私が委員長をつとめる「グローバル化と法」分科会の企画について東信堂の下田勝司社長に相談していた折に、社長から、あわせて専門外の読者にも手に取ってもらえるブックレットも考えてほしいとのお話しを頂いた。そこで、本書の提案をした所、再録であっても国際金融は重要だからとご快諾頂き、ここに東信堂の国際法・外交ブックレットの第1弾として刊行されることになった次第である。この場を借りて下田社長に厚く御礼申し上げたい。また、論文の再録をご快諾頂いた有斐閣及び国際書院にも厚く御礼申し上げる。

　表紙及び裏表紙の紙幣は、上から順に、中国人民銀行2005年発行の5人民元、アラブ首長国連邦（UAE）中央銀行1995年発行の5ディルハム、イラク中央銀行2002年発行の5ディナールである。人民元安が為替操作をめぐる主要な問題であり、UAEのアブダビ投資庁（ADIA）が世界を代表する政府系ファンドであり、サダム・フセイン政権下でのイラクの債務が憎忌債務（odious debt）の典型例であることに鑑みて、手元にあるこれら3紙幣に登場してもらうことにした。

　横田洋三先生、大沼保昭先生、小寺彰先生を偲びつつ

2019年7月26日　　中谷和弘

為替操作、政府系ファンド、途上国債務と国際法

# 1．為替操作と国際法

## 1. はじめに

　本稿においては、一国による為替操作[1]が国際法上、どのように評価されるかについて考察する。まず、2.において通貨制度と為替操作に関する事実を把握した上で、3.において通貨主権の観点から為替操作の位相を確認する。その上で、4.においてはIMF（国際通貨基金）協定とその運用において、5.においてはWTO（世界貿易機関）諸協定（GATT及び補助金協定）とそれらの運用において、為替操作がどのように規定され、評価されているかについて概観する。最後に、6.において若干の考察を行う。

　この問題は、外交上は米中間での最も重要な経済問題の1つとして関心を集めてきたが、国際法の解釈・適用の問題としては不明確な部分が少なくない。本稿はこの点に関して若干の光をあてることとしたい。

4

## 2. 通貨制度と為替操作

　1930 年代に為替レート切り下げ競争がなされ、この保護主義的な「近隣窮乏化政策」(beggar‐thy‐neighbor policy) が世界経済を悪化させたとの反省から、IMF の下においては、当初、ドルの金との兌換に基づく平価主義による為替の安定性の保証がなされた。1971 年 8 月 15 日に米国はドルと金の兌換を停止し（ニクソン・ショック）、1973 年 3 月までに主要通貨はフロート制に移行した。1977 年 4 月 29 日に IMF 理事会は自国の選択する為替取極の採用を認める決議 5392 (77/63) を採択した。これによりフロート制やペッグ制の採用や通貨同盟への参加が正式に認められるようになった[2]。

　しかしながら、「固定相場制から変動相場制へ」というキャッチフレーズは、世界全体が変動相場制に移行したかのような誤解を与えかねないため注意が必要である。今日でも途上国を中心に多くの国家が何らかの形でのペッグ制を採用しており、為替相場を市場の決定に委ねるフロート制を導入している国家はむしろ少数派である。IMF は、為替相場制を次のように 10 に分類している。hard pegs として、①独自の法定通貨が放棄された為替相場制 (exchange arrangements with no separate legal tender、14 か国が採用)、②カレンシー・ボード制 (currency board arrangements、外国通貨との固定レートでの交換を保証。11 か国が採用)、soft peg として、③通常の固定相場制 (conventional peg、自国通貨を主要通貨との間で固定レートで釘付けにし、為替レート変動を 6 か月以上の期間において 1% 以内に維持。44 か国が採用)、④バンド付ペッグ制 (pegged exchange rate within horizontal bands、通貨レートを固定ペッグ・レートから 1% 以上の範囲内に維持。1 か国が採用)、⑤安定相場制 (stabilized arrangements、6 か月以上の期間において為替レートを固定ペッグ・レートから 2% 以内の範囲内に維持し、結果として安定していることが確証されること。18 か国が採用)、⑥クローリング・ペッグ制 (crawling peg, 為替レートを事前に告知された一定の変化率で、又はある特定の量的な指標の変化に応じて、定期的に変更する制度。3 か国が採用)、⑦擬似クローリング制 (crawl-like arrangement, 6 か月以上の期間において 2% のマージン内にあること。為替レートが単純に下降ないし上昇の場合には

少なくとも年 1% の変化率。10 か国が採用)、floating regime（市場決定相場制）として、
⑧フロート制（floating、為替レートは主に市場で決定、特定水準の為替レートをター
ゲットにしない為替介入はありうる。40 か国が採用)、⑨自由フロート制（free floating、
為替介入は例外的であって 6 か月間に最大 3 回、各回 3 日以内に限定。31 か国が採用)、
その他として、⑩他の管理制度（other managed arrangement。20 か国が採用)、であ
る[3]。ちなみに、日本と米国は⑨に、中国は⑩に分類されている（中国について
は 2014 年 12 月に⑦から⑩に分類が変更された)。

　為替操作は、今日問題となっている中国の独占物ではない。為替操作の（1977
年以降の）リーディング・ケースとして挙げられるのが、スウェーデン及び韓
国のケースである。1982 年 10 月 8 日、スウェーデン（ドイツ・マルクを中心とし
た通貨バスケットとのペッグ制を採用していた）のパルメ首相がスウェーデン・ク
ローナの 16% の引き下げを発表し、クローナの信頼回復とスウェーデン産業
の状況改善を意図した措置であると説明した。これに対して他の北欧諸国は、
自国産業の競争力回復のために必要な範囲をはるかに超えた大幅な切り下げに
より不公正な優位を求めたとして苦情を申し立て、IMF によるスウェーデン
との特別協議（IMF 協定 4 条 3 項 (b) に基づく。1979 年に導入）を要請した。IMF 専
務理事は補足的サーベイランス手続に従ってスウェーデンと特別協議を行った
が、IMF としては正式な決定や制裁はなされなかった。但し、IMF 及び国際
金融コミュニティーの内部では、スウェーデンは IMF 協定 4 条 1 項 (iii) に違
反して行動したと理解された。その後、フィンランドがスウェーデンに追従し
て自国通貨を切り下げたが、デンマークとノルウェーは追従しなかった。また
1987 年には韓国のウォン切り下げを米国が問題にし、IMF による韓国との特
別協議がなされた。この事案でも IMF は正式の決定をせず、制裁措置もとら
なかった[4]。

　2007 年 6 月 15 日に改訂された国別サーベイランス及びマルチラテラル・サー
ベイランスに関する IMF 理事会決定（後述）において、為替レートのファンダ
メンタルズからの乖離（fundamental misalignment）という概念が導入された。米国
は中国がこれに該当するとの認定を IMF が行うことを企図した。これに対し

て中国はこの認定を受けることに猛反対したが、その理由は、この認定が引き金となって、他国からWTO紛争処理機関に訴えられて敗訴することや米国から制裁を受けることを恐れたからであった。結局、中国やラトビアに対するこの認定はなされず、2009年6月22日の「2007年サーベイランス決定：改訂運用指針」(The 2007 Surveillance Decision: Revised Operational Guidance) においては、「例えば fundamental misalignment といった特定の用語を使用することによって、2007年決定の暫定指針によって要請された為替相場に関連した『ラベル』を貼る試みは、同決定の効果的な実施にとって障害となることが判明した」(パラグラフ2) とし、「fundamental misalignment のような特定の用語を用いる要請を除去する」(パラグラフ8) とした[5]。

　中国による人民元の為替レート操作がしばしば問題とされるが、以下、中国の為替政策及び為替操作問題に関する米国の反応についてごく簡単にみておきたい。

　中国の為替政策は以下のように要約できる[6]。中国人民元は1955年から1973年までは米ドルペッグ制をとった (1955年から1971年11月までは1ドル＝2.4618元)。1973年に通貨バスケット制に移行した (バスケットを構成する通貨の種類と比率は頻繁に変更。人民元の対米ドル相場は1973年の1ドル＝2元台から1979年には1ドル＝1.5元を切る所まで上昇)。1981年に確立された人民元為替制度は、公定レート (1ドル＝1.5元) に加えて貿易決済内部レート (1ドル＝2.8元) を新設する二重相場制であった。1985年1月には二重相場を廃止した (新公定レートを当初1ドル＝2.8元に設定したが、段階的に切り下げられ、1993年末には1ドル＝5.8元となった)。1988年には実質的に再び二重相場制 (外為調整センターの取引レートと公定レート) となった (1993年末には外為調整センターレートは1ドル＝8.72元、公定レートは1ドル＝5.8元)。1994年1月から両者のレートを一本化し、新公定レートを1ドル＝8.7元に設定するとともに、「市場需給関係をベースとした」管理変動相場制を導入した。1997年のアジア通貨危機に際しては人民元の価値を維持し、そのための特別措置として為替レートを1ドル＝8.28元で固定した。2005年7月21日に対ドル固定相場制に終止符を打ち、「市場需給を基

礎に、通貨バスケットを参考に調整する」管理変動相場制に移行した（当初のレートは1ドル＝8.11元に設定。対ドルの1日の変動幅は0.5%、対円・ユーロ・ポンド・香港ドルの変動幅は3%以内とする）。

　為替操作に対して1988年に米国議会は 為替レート及び国際経済政策調整法（Exchange Rates and International Economic Policy Coordination Act, P.L.100-408）を制定した。経常収支の黒字を有し、米国との二国間貿易収支でも黒字を有する国において為替「操作」がなされたと判断される場合には、財務長官に為替レートの調整を確保し「不公正」な貿易上の利益を除去するため当該国と交渉を開始すること、及び、財務長官に為替レート政策に関する報告書を毎年議会に提出することを求める内容のものである。米国財務省は、中国を1992年と1994年に、台湾を1988年と1992年に、韓国を1988年に、同法の下での為替操作をしていると認定したが、1994年以降はそのような認定はなされていない[7]。

　国際会議での動向に関しては、近年のG20首脳会議やG20財務大臣・中央銀行総裁会議の声明において、「我々は、通貨の競争的な切り下げを回避する。我々は、競争力のために為替レートを目的とはせず、あらゆる形態の保護主義に対抗し、我々の開かれた市場を維持する」という趣旨の文言が見られることを指摘しておきたい[8]。また、2016年5月のG7伊勢志摩首脳宣言では、「我々は，全ての国が通貨の競争的な切り下げを回避することの重要性を強調する。我々は，為替レートの過度の変動や無秩序な動きは，経済及び金融の安定に対して悪影響を与えうることを再確認する」とした。G7首脳宣言でこのような内容の合意が初めてなされたことが注目される。

## 3．通貨主権と為替操作

　国家主権の一側面である通貨主権（monetary sovereignty）について、PCIJ（常設国際司法裁判所）「セルビア（及びブラジル）公債事件」判決（1929年）は、「国家が自国の通貨を自ら決定する権利を有することは一般に承認された原則である」と指摘する[9]。また、米国対外請求権解決委員会「Alan 請求権事件」決定（1957

年）においては、「結果として通貨価値の切り下げを生じる一国の通貨改革は、主権的権限の発動であって、当該国に対する請求権を生じさせない」と指摘する[10]。また、同委員会「Zuk 請求権事件」決定（1956 年）においては、上記の PCIJ 判決の他、「ドルの下落から生じた損害は有効な請求権の基礎とはならない」旨を判示した米英請求権委員会決定、「国家は通貨の変動から生じた損失に対して責任を負わない」旨を判示した米墨請求権委員会決定等を引き、またこの一般ルールに対する 2 つの例外（第 1 に国家が外国人に損害を与える又は外国人を差別する意図を有して切り下げをした場合には裁判拒否として国際法違反となる、第 2 に特定の条約において通貨価値の下落から生じた害を補償することに同意した場合には当該国に請求できる）を指摘した上で、ルーブルの下落から生じた本件は上記の 2 つの例外のいずれにも該当しないとして請求を否認した[11]。

　Gianviti が指摘するように、一般に通貨主権は、次の 3 つの事項に関する一国の排他的な権限を含む。①通貨（自国領域内で通用する硬貨及び紙幣）を発行する権利、②自国通貨の価値を決定・変更する権利、③自国領域内において、自国通貨又は他の通貨の使用を規制する権利[12]。為替操作はこの②に該当するものであり、国家は、別段の規範が存在しない限り、一般国際法上は、基本的に自国の為替レートを決定する権利を有することとなる[13]。

　上述の第 2 の例外の関連で、IMF 協定や WTO 諸協定によって為替レートの人為的な変更が制約されるかどうかは 4. 以下において検討する。なお、これらの 2 つの例外の他にも、第 3 の例外として、「為替操作は行わない」旨の拘束力を有する一方的約束を行った場合には、国家は当該約束に自ら拘束され、為替相場の人為的な変更が国際法違反となる[14]。

## 4. IMF 協定と為替操作

　1978 年に改訂された IMF 協定 4 条（為替取極に関する義務）は 1 項において「加盟国は、特に、次のことを行わなければならない」として加盟国の一般的義務を 4 つ挙げており、その 1 つとして、「(iii) 国際収支の効果的な調整を妨げる

ため又は他の加盟国に対し不公正な競争上の優位を得るために為替相場又は国際通貨制度を操作することを回避すること」を規定する。同条 3 項では、「(a) 基金は、国際通貨制度の効果的な運営を確保するため国際通貨制度を監督し、また第 1 項の規定に基づく各加盟国の義務の遵守について監督する。」「(b) 基金は、(a) の規定に基づく任務を遂行するため、加盟国の為替相場政策の確実な監視を実施し、また、為替相場政策に関するすべての加盟国に対する指針とするための特定の原則を採択する。各加盟国は、この監視のために必要な情報を基金に提供しなければならず、また、基金が要求するときは、自国の為替相場政策について基金と協議しなければならない。(以下略)」と規定する。

　同条の解釈・適用にとって参考となる指針としては次のものが挙げられる。

　まず、サーベイランスに関する IMF 理事会決定としては、1977 年 4 月 29 日には「為替レート政策に対するサーベイランスに関する決定」(Decision on Surveillance over Exchange Rate Policies)、2007 年 6 月 15 日には「加盟国の政策に対する国別サーベイランスに関する決定」(Decision on Bilateral Surveillance over Members' Policies)、2012 年 7 月 18 日には「国別及び多国間サーベイランスに関する決定」(Decision on Bilateral and Multilateral Surveillance) が、それぞれ採択されている。2012 年決定 [15] のパラグラフ 20, 21 では、加盟国の為替政策に関する国別サーベイランスのガイダンスとして、次の 5 原則を明示している。「A．加盟国は、国際収支の効果的な調整を妨げるため又は他の加盟国に対し不公正な競争上の優位を得るために為替相場又は国際通貨制度を操作することを回避しなければならない (shall avoid)。B．加盟国は、為替相場における自国通貨の短期の撹乱的な変動によって特徴づけられる無秩序な状況に対抗するため、必要があれば為替市場に介入すべきである (should intervene)。C．加盟国は、その介入政策において、介入する通貨国の利益を含む他の加盟国の利益を勘案すべきである (should take into consideration)。D．加盟国は、国際収支の不安定性を生じるような為替相場政策を回避すべきである (should avoid)。E．加盟国は、国内的不安定性を生じさせる国内経済及び金融政策を回避するよう努めるべきである (should seek)」。A は協定 4 条 1 項 (iii) に含まれる義務を規定し、B〜E は加

盟国に対する勧告（義務ではない）を規定する。加盟国はこれらの原則に従って政策を実施していると推定される。加盟国がこれらの原則に合致して行動しているか否かがサーベイランスの文脈において問題となった場合には、基金は、為替レートのファンダメンタルズからの乖離の評価に関するものも含めて、合理的に見て疑義が明確でない限り加盟国に有利な判断が与えられる（will give the member the benefit of reasonable doubt）。パラグラフ 22 では、国別サーベイランスにおいて、基金は次の進展を徹底的な審査及び加盟国との討論の必要性を示すものとして勘案しなければならないとして、(i) 為替相場における一方向への長期かつ大規模な介入や (vi) 為替レートのファンダメンタルズからの乖離等、7 項目を示している。

　さらに、Annex においては、協定 4 条 1 項 (iii) 及び原則 A に関して次のような「更なる指針」が記されている。「2. 基金が次の双方の判断をする場合にのみ、加盟国は 4 条 1 項 (iii) に合致せずに行動しているとされる。(a) 加盟国が自国の為替相場又は国際通貨制度を操作しており、かつ、(b) 当該操作が 4 条 1 項 (iii) において明記された 2 つの目的のいずれかのために実施されている。(a) につき、為替相場の『操作』は為替相場の水準を対象とし、実際に影響を与える政策を通じてのみ実施される。さらに、操作は為替相場を変動させるもの、変動を防止するものの双方を含む。(b) につき、自国の為替相場を操作している加盟国は、『国際収支の効果的な調整を妨げるため又は他の加盟国に対し不公正な競争上の優位を得るために』当該操作を実施していると基金が判断した場合にのみ 4 条 1 項 (iii) に合致せずに行動しているとされる。この点に関して、加盟国は基金が次の双方の認定をする場合にのみ、他の加盟国に対する競争上の優位を得るために為替相場を操作しているとされる。(a) 加盟国が為替相場の過小評価という形で為替レートのファンダメンタルズからの乖離を確保するために当該政策を実施しており、かつ、(b) 当該不均衡を確保する目的が純輸出を増加させることである。3. 基金の責務は加盟国が 4 条 1 項 (iii) の下での義務を遵守しているか否かの客観的な評価を、関係する加盟国との協議を含むすべての利用可能な証拠に基づいて行うことである。加盟国によってなされるその政

策の目的に関する説明は、合理的に見て疑義が明確でない限り加盟国に有利な判断が与えられる。」

　また、IMF 協定 4 条の解釈につき、IMF 法務部は 2006 年 6 月 28 日に Article IV of the Fund's Articles of Agreement : An Overview of the Legal Framework と題する文書をまとめている[16]。4 条 1 項 (iii) の「(為替レート) 操作」に関する指摘で注目すべきは次の 3 点である。①本規定は特定の行動を禁止する hard obligation を定めたものである。②「操作」は必ずしも公式の介入が為替レートの変動を結果として生じる必要はなく、レートの変動を阻止することを意図した「操作」もありうる。③本規定の違反が認定されるのは、実効的な国際収支の均衡を阻止する「目的のために」自国の為替レートを操作したとの決定がなされた場合のみである。均衡を阻止する効果を有する「措置」では不十分であり、「意図」の認定が必要であるが、IMF は加盟国が主張する動機をそのまま認める必要はなく、独立した判断を行う。

　このような緩やかな基準が IMF 内部では一応合意されているものの、現実には 4 条の違反が認定されたことはない。また「ファンダメンタルからの乖離」が認定される見込みもないことは、**2.** で指摘した通りである。仮に 4 条違反の認定がなされた加盟国に対しては、26 条 2 項において基金の利用資格の喪失及び強制的脱退が制裁措置として予定されている[17]ものの、少なくとも中国のような大国に対しては、遵守を促す効果は乏しいと言わざるを得ない。なお、4 条の解釈をめぐって加盟国と IMF の間又は加盟国相互間で疑義が生じた場合には、理事会に提出して解決する (29 条 (a)) ことになっており、理事会が行った決定に疑義を有する加盟国は総務会に疑義を付託でき、総務会の解釈委員会が審議し、総務会が最終的な決定を行う (同条 (b)) ことになっているが、これまでの為替操作問題に関する IMF の対応ぶりからすると、明確な判断が示されることは期待できないであろう。

## 5. WTO 協定と為替操作

　ここでは以下、為替操作に関連する GATT 及び補助金協定（補助金及び相殺関税に関する協定）の規定について簡単にみることとしたい[18]。

　GATT15 条は為替取極について規定する。締約国の義務について規定しているのは、4 項、6 項、8 項である。4 項は「締約国は、為替上の措置によつてこの協定の規定の趣旨を没却してはならず、また、貿易上の措置によつて国際通貨基金協定の規定の趣旨を没却してはならない」と規定する（6 項と 8 項は IMF 非加盟国に関する規定であるため省略する）。WTO の締約国団と IMF との関係については、1 項乃至 3 項及び 5 項が規定する。1 項は「締約国団は、締約国団及び国際通貨基金が、同基金の権限内の為替上の問題並びに締約国団の権限内の数量制限の問題及び貿易上のその他の措置に関して調整された政策を遂行することができるように、同基金との協力に努めなければならない」、2 項は「締約国団は、貨幣準備、国際収支又は外国為替取極に関する問題を審査し、又は処理することを求められるすべての場合に、国際通貨基金と十分に協議しなければならない。（以下略）」、3 項は「締約国団は、前項の規定に基く協議のための手続について、国際通貨基金との取極の締結を求めなければならない」、5 項は「締約国団は、いずれかの締約国が数量制限に関しこの協定で定める例外に反する方法で輸入に関連する支払及び移転について為替制限を課していると認めるときはいつでも、その問題について国際通貨基金に報告しなければならない」と規定する。9 項は他の協定や条項との関係に関する条項であり、次のように規定する。「この協定のいかなる規定も、次のことを妨げるものではない。(a) 締約国が、国際通貨基金協定又は自国と締約国団との間の特別為替取極に従う為替管理又は為替制限を実施すること。(b) 締約国が、第 11 条、第 12 条、第 13 条及び第 14 条の規定に基いて認められる効果のほか前記の為替管理又は為替制限を実効的にする効果がある輸入又は輸出の制限又は統制を実施すること。」

　さらに附属書Ⅰ（注釈及び補足規定）では、15 条 4 項について次の通り規定する。「『没却する』(frustrate) とは、たとえば、為替上の措置によるこの協定のいかな

る条項の字句に対する違反も、実際にその条項の趣旨から著しく逸脱していないときは、その条項の違反とはみなされないことを意味するものである。したがつて、国際通貨基金協定に合致して運用する為替管理上の措置として自国の輸出に対する支払を自国の通貨又は国際通貨基金の加盟国の通貨によつて受けることを要求する締約国は、第 11 条又は第 13 条の規定に違反するとはみなされない（以下略）。」

4 項及び同項に関する附属書 I の規定並びに 9 項ゆえ、為替操作問題について WTO が主導的な役割を果たすことは困難であると考えられるが、この点についてはさらに **6.** で考察する。

補助金協定では、1 条において、「1.1 この協定の適用上、次の (a) の (1) 又は (2) のいずれか及び (b) の条件が満たされる場合には、補助金は、存在するものとみなす。(a) (1) 加盟国の領域における政府又は公的機関.....が資金面で貢献していること（以下略）。(2) 1994 年のガット第 16 条に規定する何らかの形式による所得又は価格の支持があること。(b) (a) の (1) 又は (2) の措置によって利益がもたらされること。1.2　1.1 に規定する補助金は、次条の規定に基づいて特定性を有する場合に限り、第二部の規定又は第三部若しくは第五部の規定の適用を受ける」と定義する。その上で 2 条において、「2.1　1.1 に規定する補助金が当該補助金を交付する当局（……）の管轄の下にある一の企業若しくは産業又は企業若しくは産業の集団（……）について特定性を有するか有しないかを決定するため、次の原則を適用する。(a) 交付当局又は交付当局の適用する法令が補助金の交付の対象を明示的に特定企業に限定している場合には、当該補助金は、特定性を有するものとする。（以下略）」「2.3 次条の規定に該当する補助金は、特定性を有するものとみなす」として特定性 (specificity) につき規定する。さらに 3 条において、「3.1 農業に関する協定に定める場合を除くほか、第 1 条に規定する補助金のうち次のものについては、禁止する。(a) 法令上又は事実上、輸出が行われることに基づいて（唯一の条件としてであるか二以上の条件のうち一の条件としてであるかを問わない。）交付される補助金（附属書 1 に掲げるものを含む。）、(b) 輸入物品よりも国産物品を優先して使用することに基づいて（唯一

14

の条件としてであるか二以上の条件のうち一の条件としてであるかを問わない。）交付
される補助金。3.2 加盟国は、3.1 に規定する補助金を交付し又は維持してはな
らない」として、補助金の禁止につき規定する。為替操作が同協定に違反する
補助金に該当するかについては、特に 2 条の「特定性」及び 3 条の「輸出が行わ
れることに基づいて交付される」（contingent upon export performance）という要件を
満たすかをめぐって解釈が分かれている。この点に関しては **6.** において考察
する。なお、マラケシュ協定の附属書の一覧表では、附属書 1 A「物品の貿易
に関する多角的協定」の 1 つに補助金協定を挙げ、他方、附属書 1 Ｂにサービ
ス貿易協定を挙げているゆえ、補助金協定自体はサービス貿易には適用されな
いことにも留意する必要がある。

　WTO の場において、為替操作問題（中国のそれに限定されない）についての積
極的対応を求めたのはブラジルである。2012 年 11 月 5 日の「為替レートと国
際貿易の関係」と題したブラジルの conceptual note[19] においては、為替レート
に関連する WTO 諸協定の既存の条項は今日のような為替レートの激変とは無
関係の状況において策定されたものであって、WTO は為替レートの貿易への
影響に対処する体制を整えていないとして、新たな対応が必要だとして、為替
のファンダメンタルからの乖離を評価する方法の確立、国内産業への損害に対
する救済措置、捜査手続等を創設する必要があると提言する[20]。

---

## 6.　省　察

　ここでは以下の 5 点について指摘しておきたい。

　第 1 に、ペッグ制の採用がペッグ先の通貨国との関係でどう評価されるかに
ついて。Proctor は、「中国が人民元をドルにペッグさせることは米国に対する
内政干渉にあたるか」という問いを発し、これを否定している。通貨主権といっ
ても国際市場での自国通貨の価値や域外での外国人による自国通貨の使用の態
様を決定する権利を含むわけではないとこと、米中両国が加盟国である IMF
協定が外国為替政策の分野での両者の関係を規律することをその理由とする。

さらに、「慣習国際法は中国に対して米国（の金融・貿易システム）に損害を引き起こすことを回避する一般的な義務を課しているか」という問いを発して、これも否定している。明示的な条約上の義務以外には、どの国家も他国の金融システムに保護を与える一般的な義務を負っていないことを理由とする[21]。いずれも妥当な見解であり、慣習国際法によって為替操作問題を規律することは一般には困難であると言わざるを得ない。

第2に、IMF 協定の解釈と為替操作問題に関する IMF の対応について。ここでは2点を指摘するにとどめたい。① IMF 協定4条1項 (iii) の要件を満たすには、「国際収支の効果的な調整を妨げるため又は他の加盟国に対し不公正な競争上の優位を得るため」という意図が存在しなければならない。この意図の立証は現実には大きなネックとなり、結果として同条項の要件を満たすとの認定は極めて困難となる。この点を緩和する1つの考え方として、「一定期間に一定率以上の為替レート引き下げがなされた場合には、十分な説明を求め、それがなされない場合には、意図があったと推定される」という扱いにすることが考えられる。本来であれば IMF 理事会においてこのような運用が合意されることが望ましいが、為替操作問題に関して IMF が消極的であるという現実に鑑みるとそれは残念ながら期待薄と言わざるをえない。②通貨の切り下げすべてが違法な為替操作になる訳ではないことにも留意する必要がある。持続不能な自国通貨高を除去するための切り下げは「国際収支の効果的な調整を妨げるため又は他の加盟国に対し不公正な競争上の優位を得るため」に該当するものではない[22]。

第3に、為替操作問題に関する IMF と WTO の関係について。1996年12月9日に署名された IMF・WTO 間の新協定（Agreement between the International Monetary Fund and the World Trade Organization, 当初の協定は1947年に合意）においては、パラグラフ3で IMF は WTO に対して経常的国際取引の支払・移転に関する制限を承認する決定や差別的な通貨取極又は複数通貨措置を承認する決定等を通知する（shall inform）とし、パラグラフ4では IMF は WTO 加盟国によって自国の国際収支の保護のためにとられる措置について WTO の国際収支制限

委員会によってなされる協議に参加することに合意すると規定する。さらにパラグラフ 8 では、各組織は相手組織に対して相互の関心事項に関する見解を伝える旨を、また IMF は自らの管轄下にある為替措置を検討する WTO 諸機関（紛争処理パネルを含む）に対して当該措置が IMF 協定と両立するかどうかを伝える旨を規定する。

　もっとも現実には IMF と WTO が協調して為替操作問題に実効的に対処できる体制は整っていないと言わざるをえない。Thorstensen らは、両者のリンクの欠如に関して、次の点を指摘する。(a) IMF 協定 4 条は為替操作を非難する法的基礎を提供するが、その適用は「意図」の要件の主観性ゆえ疑わしい。(b) GATT15 条は貿易の目的の「没却者」(frustraters) を探すことに焦点をあてている。為替操作は大部分のケースにおいて貿易の目的を没却するだろうが、すべての「没却者」が為替操作者という訳ではない。(c) GATT15 条の適用は IMF によるどの国家が為替操作国かという決定に依拠するものではなく、WTO の紛争処理機関による GATT の目的の没却の決定による。(d) WTO は為替取極問題に関して IMF と協議し、IMF から統計情報を受領して自らの客観的分析の一部として考慮しなければならない。(e) 為替行動はたとえ GATT のメカニズムには違反しなくても 15 条 4 項の意図を没却するものとして同項に違反しうる（23 条の non-violation と似た理由付けである）[23]。

　Sanford は中国等の為替操作問題への対処として考えられるオプションとして、① IMF 協定を改正して通貨レートへの IMF の権限を強めること、② WTO 協定を改正して為替操作を禁止された補助金であると位置づけること、③多国間交渉を推進すること、④ WTO 紛争処理機関による為替操作は WTO 協定違反だとの判断を取得すること、⑤ IMF・WTO 協定を改善することを挙げる。①と②については、それぞれ投票権の 85% 以上、全会一致の賛成が必要なため実現が困難だとする。③については、米中二国間での合意では第三国による為替レート切り下げをおさえられず、限界があるとする。④については、為替操作の貿易上のインパクトに関連した問題が紛争処理機関で扱われる可能性があるとする。⑤については、協定の改正は各理事会の過半数の賛成で可能であ

ること、IMF が為替操作問題について WTO に忠告する役割を果たすためには、IMF 自身がこの問題につき公式な立場をとる必要があること、IMF は中国等との多国間の討議を容易にするため周旋の役割は果たしてきたこと、ある国が為替操作をしていると IMF 理事会が正式決定しても結果として何も生じないとすると IMF の威信が傷つくと IMF 加盟国のいくつかは懸念するものの、これは WTO 側に提供できる有意義な情報の基礎となりうること、を指摘する[24]。

　第 4 に、WTO 補助金協定の解釈について。同協定 2 条の「特定性」の解釈との関連で、為替操作は経済全体に影響を及ぼすため「特定性」の要件を満たさないとの解釈[25] が一見すると自然な文言解釈と思われるが、Zimmermann は 3 条の「輸出が行われることに基づいて交付される」という要件に照らして解釈されなければならないとした上で、切り下げた通貨レートを維持することは、たとえ同協定 1.1 の下での禁止された補助金に該当するとしても 3.1 (a) には該当しないため、結局「特定性」の要件は満たさないとする[26]。他方、Pettis は、中国の為替レート引き下げによる恩恵（補助金）の 70% 以上は中国企業が享受するため、米国はこれが「輸出が行われることに基づいて交付される」ため 3 条に違反する「禁止される補助金」(prohibited subsidy) に該当すると主張することが可能である、また 7 条の「相殺可能な補助金」(actionable subsidy) に該当すると主張することも可能だとする[27]。7.1 では「加盟国は、第 1 条に規定する補助金であって他の加盟国が交付し又は維持するものが自国の国内産業に対する損害、無効化若しくは侵害又は著しい害をもたらしていると信ずるに足りる理由がある場合には、当該他の加盟国に対し協議を要請することができる」とした上で救済手続を規定し、7.8 では「補助金が第 5 条に規定する他の加盟国の利益に対する悪影響をもたらしたと決定する旨の小委員会又は上級委員会の報告が採択される場合には、当該補助金を交付し又は維持している加盟国は、当該悪影響を除去するための適当な措置をとり又は当該補助金を廃止する」、7.9 では「紛争解決機関が小委員会又は上級委員会の報告を採択した日から 6 箇月以内に加盟国が補助金の悪影響を除去し又は補助金を廃止するための適当な措置をとらず、かつ、代償についての合意が存在しない場合には、同機関は、申

立加盟国に対し、存在すると決定された悪影響の程度及び性格に応じた対抗措置をとることを承認する」と規定する。為替操作国に対する7条の援用は、敷居値の高い3条の援用に比べてより現実的な対応であると解せられる。

第5に、TPP（環太平洋パートナーシップ）協定における為替操作問題の扱いについて。米国内では、主に「中国の為替操作が米国の経済に悪影響を及ぼし米国民の雇用を奪っているため対抗策が必要だ」との理由でTPP協定に為替条項を挿入せよとの提案が一部の政治家や論者からなされてきた。TPP協定の締結交渉において米国は為替条項の導入を求めたが日本や新興諸国が反対したとされ、結局、TPP協定本体には為替条項は挿入されなかった。2015年11月5日に公表された「環太平洋パートナーシップ諸国のマクロ経済政策当局の共同宣言」(Joint Declaration of the Macroeconomic Policy Authorities of Trans-Pacific Partnership Countries) は、①TPP諸国は不公正な通貨慣行を回避し、競争的な切り下げを控えることを約束すること、②TPP諸国は自国の外国為替介入及び外貨準備データを公表すること、③TPP諸国の政府職員は、不公正な通貨慣行を回避するための努力を含め、マクロ経済問題に対処するため定期的に協議すること、を主な内容とする。このうち中核をなす①については、次の通り規定する。「I. 為替政策　各当局は、自国が国際通貨基金(IMF)協定のもと、効果的な国際収支の調整の阻害又は不公正な競争優位性の獲得を目的とした為替レート又は国際金融システムの操作を回避することを義務付けられていることを確認する。各当局は、根底にある経済のファンダメンタルズを反映する為替システムを促進するための政策行動をとり、継続した為替の乖離を避けることとする。各当局は、通貨の競争的な切り下げを回避し、競争力を目的として自国の為替レートを誘導しない。」[28] 麻生財務大臣は翌11月6日の記者会見において、同共同宣言につき、「この為替の話というのは、こういった話がTPPの中に入ることをアメリカ議会が期待していたということは知らないわけではありませんけれども、基本的にこういったものは、IMFとかそういったところで決めていかれる話で、TPPで金融とか為替とかそういったものを含めるというのは筋が違うということは大体皆認識していますので、TPPが発効した後というこ

とになりますけれども、今後、取組の詳細なことはいろいろ詰めていくことに
なるのだと思っていますけれども、拘束力を持つ、そういったようなものにな
るということはありません」と述べ、また、日本の為替政策に影響を与えるこ
とはないと述べた[29]。

## 7. おわりにかえて

　最後に次の3点のみ指摘しておきたい。

　第1に、「為替操作国」に対する一方的行動について。IMF協定やWTO諸
協定において本来予定されていない形での一方的行動が、①一方では「報復」
(retorsion) であるとして、②他方ではGATT21条又はGATS (サービス貿易協定) 14
条の2の「安全保障のための例外」措置であるとして、もし正当化が図られた場
合、これらをどう評価したらよいのであろうか。①については、非友好的では
あるが国際法上それ自体合法な措置（金融分野の措置には必ずしも限定されない）は
裁量的にとりうると考えられる。②については、WTO諸協定との整合性を確
保するために、また国内向けのアピールのためにも、例えば、「（中国による）為
替操作は（米国の）経済と雇用に極めて深刻な打撃を与えるものであるため、こ
れに対抗するための措置は安全保障上の例外措置として容認される」といった
形で援用される可能性がある[30]。なお、GATT21条やGATS14条の2の解釈は
基本的に援用国の自己解釈に委ねられるという点にも留意する必要がある[31]。

　第2に、日本と為替操作の関係について。日本の量的緩和 (QE) 政策はRiley
が指摘するように為替操作に該当するものではない[32]。但し、日本はこれま
で為替操作国だと認定されることも恐れて、この主題には多少とも消極的で
あったと言わざるを得ない。今後は、IMFその他のフォーラムにおいて、こ
の主題の検討に一層貢献するとともに、単なる通貨政策を超えた外交政策の一
環という観点からも、この主題により積極的に関与していくことが望まれよう。
今後、国際的な経済状況の悪化とともに、背に腹は代えられぬとして「国際収
支の効果的な調整を妨げるため又は他の加盟国に対し不公正な競争上の優位を

得るために」為替操作をする国家が出現する可能性は大いにあり、経済大国である日本としては「近隣窮乏化政策」が世界を席捲しないよう主導する責務があることを想起すべきであろう。

　第3に、2016年4月29日に米国財務省はForeign Exchange Policies of Major Trading Partners of the United States と題する報告書において、同年2月に成立したTrade Facilitation and Trade Enforcement Act of 2015[33] に基づき、①対米黒字貿易が年200億ドルを超える、②経常黒字がGDPの3%を超える、③為替介入による外貨購入がGDPの2%を超える、という3要件を満たす国を不公正な競争上の利益を付与する外為政策をとる対象国として認定する、とした。さらに3要件を満たす国はないが2要件を満たす国はあるとした上で、監視リスト (Monitoring List) を創設し、中国、日本、韓国、台湾、ドイツを監視するとした[34]。中国、日本、韓国、ドイツは①と②を満たす、台湾は②と③を満たすとした。同年10月14日に更新された同報告書では、中国、日本、韓国、台湾、ドイツを引き続き監視するとともに新たにスイスを監視リストに加えるとした。中国は①のみを満たす、日本、韓国、ドイツは①と②を満たす、台湾とスイスは②と③を満たすとした[35]。今後の動向が懸念される[36]。

　[付記] 脱稿 (2017年2月10日) 後の動向として次の3点を付記しておきたい。
　　第1に、2017年4月14日に米国財務省が公表したForeign Exchange Policies of Major Trading Partners of the United States と題する報告書では、Trade Facilitation and Trade Enforcement Act of 2015 に基づく先述の3要件のうち、日本、ドイツ、韓国は①と②を、スイスと台湾は②と③を満たすとして監視リストに据え置くとともに、中国は (前期にも2要件を満たさず) 今期も①のみを満たすにとどまるものの、米国の貿易赤字全体の均衡を失したシェアを占めるとしてやはり監視リストに据え置くとした。同年10月17日の同報告書では、日本、ドイツ、韓国、中国、スイスは同様の理由で監視リストに据え置くとされていたが、台湾は②のみを満たし③は満たさなくなったとしてリストから外された。2018年4月13日の同報告書では、これら5か国を同様の理由でリストに据え置くとともに、インドを①③を満たすとしてリストに加えた。2018年10月17日の同報告書でも、日本、ドイツ、韓国、中国スイス、インドの6か国が監視リストに据え置かれた。
　　第2に、2017年7月17日に米国通商代表部 (USTR) はSummary of Objectives for the NAFTA Renegotiation という文書を公表し、北米自由貿易協定 (NAFTA) の再交

渉の目的の1つとして、通貨については「適当なメカニズムを通じて、実効的な国際収支の調整を妨害し又は不公正な競争上の利益を獲得するために NAFTA 諸国が為替レートを操作することを防止するよう確保すること」を挙げている (p.17)。そして、2018年9月30日に合意され、同年11月30日に署名された米国・メキシコ・カナダ協定 (USMCA) では、第33章「マクロ経済政策及び為替レート問題」において次のような為替条項をおいている。中核をなす33.4条 (為替レート慣行) は、「1. 各締結国は、IMF 協定の下で、実効的な国際収支の調整を妨げたり不公正な競争上の優位を得るために為替レート又は国際通貨システムを操作することを避けることが義務づけられることを確認する。2. 各締結国は次のことを行わなければならない (should)。(a) 市場決定の為替レート体制を達成し維持すること、(b) 競争的な切り下げ (外国為替市場における介入によるものを含む) を慎むこと、(c) マクロ経済及び為替レートの安定性のための条件を強める経済のファンダメンタルズを強化すること。3. 各締結国は、他の締結国の通貨に関連して介入がなされた場合には、必要に応じて迅速に他の締約国に知らせなければならない (should)」と規定する。この規定は should という表現振りからも伺えるように法的拘束力を有しない。33.5条では、関連データの公表等について、33.6条ではマクロ経済員会について、33.7条では上級代表による協議について、33.8条では紛争解決について、規定する。報復関税に言及する規定は同章には存在しない。なお、「本章の規定は中央銀行を含む当局による金融政策に関しては適用されない」旨のセーフガード規定が33.3条におかれているが、実際の場面において正当な金融政策措置か為替操作かの判断は容易ではないと思われる。同年10月13日にムニューシン米財務長官は日米が交渉開始で合意した日米物品貿易協定に為替条項を求める考えを表明し、USMCA の上記の条項がモデルになるとした。さらに、2018年12月21日、USMCA は米国・日本貿易協定 (USJTA) の交渉開始のための特定の交渉目的のサマリーを示したが、22項目の中には「通貨」が含まれ、「日本が実効的な国際収支の調整を妨げたり、不公正な競争上の優位を獲得するために為替レートを操作することを回避することを確保すること」としている。今後の動向が懸念される。

　第3に、2018年9月24日に署名された米韓自由貿易協定 (KORUS) 改訂合意には了解覚書の形で為替条項が含まれるとしているが、詳細は不明である。同年3月に米国通商代表部 (USTR) が公表した韓国との新通商政策においては、「貿易及び投資のための公正な競争条件を促進するために競争的な引き下げ及び為替レート操作を禁止する条項に関する合意 (了解覚書) がつめられている。当該条項には、透明性と説明責任に関する強固なコミットメントが含まれる」としている。

**注**

**1** currency manipulation はそのまま訳せば「通貨操作」であるが、本稿では我が国でより一般的に用いられる「為替操作」という訳をあてる。なお、Claus D. Zimmermann, Exchange Rate Misalignment and International Law, *American Journal of International Law* vol.105 (2011), p. 424, note 9 では、為替操作 (currency manipulation) という用語は、

「不公正な競争上の優位を得るために自国の通貨の人工的な切り下げを達成しよう
とする状況」を暗示するため、否定的な政治的判断を反映するものであるのに対し
て、為替レート操作（exchange rate manipulation）という用語は、「操作がなされる目
的の合法性とは独立に、為替レートを標的とし相場に現実に影響を与える政策措
置」を指す技術的用語であり、IMF の用語法とも両立的であるとする。しかしなが
ら、currency manipulation という用語は、人口に膾炙していることに加えて、上記
の exchange rate manipulation の意味で用いられることも少なくないことに留意する
必要がある。なお、本稿では、テクニカルタームの訳は、IMF 専門用語多言語ディ
レクトリ https://www.imf.org/external/np/term/jpn/ を参考にしつつも、適宜修正
を加えた。

**2** この点に関して、ごく簡単には、Vera Thorstensen, Daniel Ramos and Carolina Muller,
The 'Missing Link' between the WTO and the IMF, *Journal of International Economic Law*, vol.
16 (2013), pp. 357-358 参照.

**3** IMF, *Annual Report on Exchange Arrangements and Exchange Restrictions 2016*, pp.1-11. 和訳と
解説は、基本的に大谷聡＝藤木裕「21 世紀の国際通貨制度：展望」『金融研究』21 巻
4 号 (2002 年 12 月号) 81-82 頁及び伊澤秀記「IMF による為替相場制度の分類改訂
について」『国民経済雑誌』201 巻 4 号 (2010 年) 47-48 頁に依拠した。なお、ユーロ
圏諸国は伊澤論文が依拠する IMF2001 年国際金融統計では①に分類されていたが、
2014 年の上記 IMF 文書では EMU（欧州通貨同盟）諸国は⑨に、ECCU（東カリブ通
貨同盟）諸国は②に、WAEMU（西アフリカ経済通貨同盟）諸国と CEMAC（中部アフ
リカ経済通過共同体）諸国は③に分類されている。

**4** Andreas F. Lowenfeld, *International Economic Law* (2nd ed., 2008), pp. 635-636, James M.
Boughton, *Silent Revolution: The International Monetary Fund 1979-1989* (2001), pp. 108-119.

**5** Paul Blustein, *Off Balance* (2013), pp. 82-91. IMF 改訂運用指針は、https://www.imf.
org/external/np/pp/eng/2009/062209.pdf なお、藤澤巌「IMF 協定」『法学教室』424
号 (2016 年 1 月号) 141 頁。

**6** 以下、張秋華（太田康夫監修）『中国の金融システム』（日本経済新聞出版社、2012 年）
42-49 頁による。

**7** 以下、Rebecca M.Nelson, *Current Debate over Exchange Rates: Overview and Issues for Congress*
(Congressional Research Service Report for Congress), 2015, pp. 23-24 参照。

**8** 例えば、首脳宣言では、2013 年 9 月のサンクトペテルブルク・サミット首脳宣言
のパラグラフ 17、2016 年 9 月の杭州サミット首脳宣言のパラグラフ 7, 財務大臣・
中央銀行総裁会議声明では、2013 年 2 月のモスクワ会議声明のパラグラフ 5、2015
年 9 月のアンカラ会議声明のパラグラフ 2、2016 年 2 月の上海会議声明のパラグ
ラフ 2、2016 年 4 月のワシントン DC 会議声明のパラグラフ 2、2016 年 7 月の成都
会議声明のパラグラフ 3。このような声明が法的拘束力を有するものではないこと
は、英文では We will not target our exchange rates for competitive purposes, will resist all
forms of protectionism and keep our markets open となっており、will という用語が用
いられていることからも明らかである。

**9** *PCIJ Series A Nos.20/21*, p.44. なお、仏正文は、En effet, c'est un principe généralement reconnu que tout Etat a le droit de déterminer lui-même ses monnaies.　英文は、It is indeed a generally accepted principle that a State is entitled to regulate its own currency. である。

**10**　*International Law Reports* vol.26（1958-II），p. 291.

**11**　*International Law Reports* vol.26（1958-II），pp. 285-286. 同決定では、この 2 つの例外の典拠として F.A.Mann, *Legal Aspect of Money*（2nd ed., 1953），pp. 423-434 を挙げている。なお、H. Booysen, Devaluation as an Exercise of Monetary Sovereignty and a Basis for State Liability, *South African Yearbook of International Law*, vol. 18（1992/93），pp. 92-93 も参照。

**12**　François Gianviti, Current Legal Aspects of Monetary Sovereignty, *Current Developments in Monetary and Financial Law*, vol.4（2005），p. 4. なお、①と③に関して付言すれば、他国通貨（例えば米ドル）を自国通貨として採用することも、当該通貨の発行国が異議を唱えない場合には可能である。独自の法定通貨を放棄した国（硬貨は発行する場合あり）は 14 か国あり、うち 8 か国（エクアドル、エルサルバドル、マーシャル諸島、ミクロネシア、パラオ、パナマ、東チモール、ジンバブエ）は米ドルを、3 か国（コソボ、モンテネグロ、サンマリノ）はユーロを、3 か国（キリバス、ツバル、ナウル）は豪ドルを使用している（IMF, *supra* note 3, p.6）。他方で、通貨発行国は自国通貨を他国が勝手にその国の通貨として採用・発行することを禁止できる。

**13**　Charles Proctor, *Mann on the Legal Aspect of Money*（7th ed., 2012），p. 531 では、国家は自国通貨が下落することを許容できるのみならず、差別的に行動しないのであればそれを達成するために積極的な措置をとることができるとし、カナダ外務省が 1966 年 12 月 7 日に「国際法上確立された原則により、諸政府は為替の切り下げにより生じた損失に対しては、当該切り下げが差別なくなされた場合には、いかなる責任からも免れる」との回答をした（*Canadian Yearbook of International Law 1967*, p.268）ことを指摘する。

**14**　国際法における一方的約束につき、拙稿「国家の一方的宣言」村瀬信也・鶴岡公二編『変革期の国際法委員会（山田中正大使傘寿記念）』（信山社、2011 年）399-421 頁。

**15**　https://www.imf.org/external/np/sec/pn/2012/pn1289.htm　2012 年決定は国別サーベイランスのみならず新たに多国間サーベイランスを導入したのが特徴である。なお、5 原則の A ～ D の文言自体は 2007 年の理事会決定とほぼ同一である（2007 年決定では E がなく A ～ D の 4 原則となっている）。2007 年決定の邦訳は、https://www.imf.org/external/np/sec/pn/2007/jpn/pn0769j.pdf　参照。

**16**　https://www.imf.org/external/np/pp/eng/2006/062806.pdf

**17**　同項では、「(a) 加盟国がこの協定に基づくいずれかの義務を履行しなかつたときは、基金は、その加盟国が基金の一般資金を利用する資格がないことを宣言することができる。（以下略）」、「(b) (a) の加盟国が相当の期間の経過後においてもこの協定に基づくいずれかの義務の不履行を続けているときは、総投票権数の 85 パーセントを有する過半数の総務によつて行われる総務会の決定により、その加盟国に基金からの脱退を要求することができる。」と規定する。なお、IMF における制裁については、Joseph Gold, *Legal and Institutional Aspects of the International Monetary System*（1979），pp. 148-181 参照。

**18**　その他、アンチダンピング協定の適用も一応は想定しうるものの、詳細な発動要件を規定する同協定を為替レート切り下げのケースに適用するのは無理であ

る。Yasutaka Fukahori, Possibility of WTO Dispute Settlement against the Undervalued Currency Exchange Rate-Impact of Exchange Rate under Economic Theories, *AALCO Journal of International Law*, Vol. 1, Issue 2 (2012), p. 49.

**19** WT/WGTDF/W/68

**20** ブラジル提案につき、Antonia F. Pereita and Silas W. Allard, Looking to Fill an International Regulatory Gap: Brazil Brings the Issue of Exchange Rates and Related Trade before the World Trade Organization, *Emory International Law Review*, vol. 26 (2012), pp. 535-553.

**21** Charles Proctor, USA v China and the Revaluation of the Renminbi: Exchange Rate Pegs and International Law, *European Business Law Review*, vol. 17 (2006), pp. 1349-1350.

**22** Zimmermann, *supra note* 1, p. 438. François Gianviti, Stabilité et manipulation des taux de change, *in* Jean-Marc Sorel (ed.), *Le droit international économique a l'aube du XXIe siècle* (2009), p. 130 では、赤字を減少・除去・防止する為替操作は正当だが、黒字を創出・維持・増加させる為替操作は不当だと指摘する。

**23** この点につき例えば、Thorstensen et al., *supra* note 2, pp.377-378.

**24** Jonathan E. Sanford, *Currency Manipulation: The IMF and WTO* (Congressional Research Service Report for Congress), 2011, pp.4-9.

**25** 例えば、Joel P. Trachtman, Yuan to Fight about It ? The WTO Legality of China's Exchange Regime, *in* Simon J. Evenett (ed.), *The US-Sino Currency Dispute* (2010), pp. 130-131.

**26** Zimmermann, *supra* note 1, pp. 451-455.

**27** Elisabeth L.Pettis, Is China's Manipulation of Its Currency an Actionable Violation of the IMF and/or the WTO Agreements ?, *Journal of International Business and Law*, vol. 10 (2011), pp. 294-295. Pettis は WTO 上級委員会が、① 2002 年に United States-Tax Treatment for Foreign Sales Corporations ケースにおいて、米国の域外所得税制につき、免税措置が米国内外で製造された製品のいずれにも利用可能であるという事実にもかかわらず、米国の輸出者を圧倒的に利するとの理由で相殺可能な補助金に該当すると判断したこと、及び、② 2005 年に United States–Subsidies on Upland Cotton ケースにおいて、米国の補助金が国内の綿のユーザーにも利用可能であるにもかかわらず、輸出が行われることに基づいて交付されるとのパネル報告を支持したこと、を為替操作が「輸出が行われることに基づいて交付される」という要件を満たす論拠として挙げている。これに対して Zimmermann, *supra note* 1, pp. 454-455 は、①②は「輸出が行われることに基づいて法的に (in law) 交付される」補助金であるのに対して、為替操作の場合には「輸出が行われることに基づいて事実上 (in fact) 交付される」ものであるため、補助金協定 3.1 (a) の厳格な要件を満たさないと指摘する。

**28** https://www.mof.go.jp/international_policy/others/20151106_thejointdeclaration_4.pdf

**29** http://www.mof.go.jp/public_relations/conference/my20151106.htm

**30** この点につき、Paul V. Sharobeem, Biting the Hand that Feeds Us : A Critical Analysis of U.S. Policy Trends concerning Chinese Currency Manipulation, *Florida Journal of International Law*, vol. 19 (2007), pp.718-719.

**31** この点につき、拙著『ロースクール国際法読本』(信山社、2013 年) 24-26 頁。

**32** John Riley, The Legality of Japan's Current Monetary Policy under International Law,

*Journal of East Asia and International Law*, vol. 7（2014）, pp. 181-196. Riley は、量的緩和政策が為替レートに影響を及ぼしたとの確たる証拠はなく、また、それが円レートの下落の原因であったとしても下落は単に意図せざる結果であって、それに対する国際法上の救済はないとする（pp. 195-196）。他方、同号（pp.161-179）に掲載された Xin Chen, Japan's Unspoken Currency Manipulation by Monetary Policies: A Chinese Lawyer's View では中国の通貨政策については一切ふれずに日本の通貨政策を保護主義的であると批判し、中国は日本に対して IMF 及び WTO の下で個別の行動をとるべきだとする。なお、バーグステン元財務次官は、中国は 2015 年からは為替操作を行っていないと指摘する。C. Fred Bergsten, China is No Longer Manipulating Its Currency（18 November 2016）, *available at*
https://piie.com/blogs/trade-investment-policy-watch/china-no-longer-manipulating-its-currency

**33** 米国は、2016 年 2 月 24 日に Public Law No. 114-125 として成立した Trade Facilitation and Trade Enforcement Act of 2015 において、①外国による通貨切り下げが相殺可能な補助金の供与に該当するかどうかの決定をするための調査を行う権限について定める Currency Undervaluation Investigation Act について規定する（Sec.702 以下）とともに、②財務省は米国の主要貿易相手国のマクロ経済政策及び通貨為替レート政策を議会に報告しなければならない、③大統領は自国の通貨の切り下げ及び米国に対する貿易黒字を是正する政策を採用しない国家に対して特定の救済措置をとることができると規定し（Sec.711）、さらに、④国際為替レート政策に関する諮問委員会を創設すると規定した（Sec.712）。

**34** https://www.treasury.gov/resource-center/international/exchange-rate-policies/Documents/2016-4-29%20（FX%20Pol%20of%20Major%20Trade%20Partner）_final.pdf

**35** https://www.treasury.gov/resource-center/international/exchange-rate-policies/Documents/2016-10-14%20（Fall%202016%20FX%20Report）%20FINAL.PDF

**36** かつて中国を「地球最大の為替操作国」だと非難したこともあるトランプ米国大統領は、2017 年 1 月 26 日の演説において、「為替操作や通貨安誘導を極めて厳しく制限していく。こうした考えは TPP にも盛り込まれていなかった」と述べ、日本等との間で締結を想定する二国間自由貿易協定の中に為替条項を盛り込む意向を示し、1 月 31 日には「中国や日本は何年も通貨安誘導を繰り広げている」と述べた。これに対して菅官房長官は 2 月 1 日の記者会見において「全くあたらない。金融緩和は国内の物価安定目標のためで、円安誘導を目的としたものではない」と述べ、安倍首相は 2 月 2 日の衆議院予算委員会において「通商条約に為替条項はなじまないことをずっと反論として申し上げてきた。そういう姿勢に変わりはない」旨、述べた。日本は 2011 年 11 月以降は円高是正を目的とした円売ドル買介入を行っていない。

## 本書刊行に際しての補足

**1** 初出は、「為替操作と国際法」岩沢雄司・森川幸一・森肇志・西村弓編『国際法のダイナミズム 小寺彰先生追悼論文集』（有斐閣、2019 年）603-624 頁。

**2** 2019 年 5 月 23 日に米国商務省は補助金相殺関税の計算手法を見直し、為替操作

による通貨安も不当な補助金とみなして税率を上乗せする検討に入った。https://www.commerce.gov/news/press-releases/2019/05/department-commerce-amends-countervailing-duty-process, 日本経済新聞 2019 年 5 月 25 日。

3　2019 年 5 月 28 日に米国財務省が公表した Foreign Exchange Policies of Major Trading Partners of the United States　報　告　書 (https://home.treasury.gov/news/press-releases/sm696) では、従来の 3 要件 (20 頁) のうち②を経常黒字が GDP3% を超えるから 2% を超えるに変更した上で、2 要件を満たす 7 か国 (①と②を満たす日本、ドイツ、イタリア、アイルランド、ベトナム、マレーシア、②と③を満たすシンガポール)、中国 (①のみを満たすが、この 4 半期の対米貿易黒字が 4190 億ドルと巨額であり、米国の貿易赤字全般のうち均衡を欠くシェアを占めているとの理由で) と韓国 (現在では②のみを満たすが、2016 年 4 月以来の各報告書において①と②を満たしてきたため、今回の進展が恒久的なものであることを立証する必要があるとの理由で) の計 9 か国を監視リストに挙げた。スイスとインドは今回は監視リストから外された。

4　Joseph E. Gagnon, *Manipulation was the Leading Cause of Record Trade Imbalances in 2000s* (2017) によると、中国等による為替操作は 2000 年代の貿易不均衡の主要な原因であったとし、米国は 2007 年の貿易収支は 7190 億ドルの赤字であったが、中国等による為替操作がなければ 4560 億ドルの赤字で済んだ (つまり為替操作が赤字幅を 2630 億ドル拡大した)、中国は同年の貿易収支は 3530 億ドルの黒字であったが、為替操作をしなければ 220 億ドルの黒字にとどまった (つまり為替操作が黒字幅を 3110 億ドル拡大した) と指摘する。https://piie.com/research/piie-charts/currency-manipulation-was-leading-cause-record-trade-imbalances-2000s

5　2019 年 8 月 5 日に米国財務省は中国を、先述した 3 基準を満たさないにもかかわらず、為替操作国だと認定した。https://home.treasury.gov/news/press-releases/sm751　米国が中国を為替操作国と認定したのは、1994 年以来、25 年ぶりである。他方、IMF は中国に関する Staff Report for the 2019 Article IV Consultation において、「中国人民銀行による外国為替介入はほとんどみられない」旨の指摘をした (p.6)。

6　本文で述べたことの一部繰り返しとはなるが、米国が二国間通商協定に為替条項を入れることを要求する動きに関連して、国際法上、次の 3 点を再確認しておくことは無意味ではないであろう。①一般国際法上、国家は通貨主権を有し、自国の為替レートを決定することができる。②米国による主観的な為替操作国の認定とそれに基づく経済的不利益措置は国際法上対抗力を有しないばかりか、WTO 協定等の違反となる可能性もある。③ IMF 協定や WTO 諸協定は為替操作の規律につき有用・明確な基準を示していないため、現状のままだと、米国の主観的認定を一人歩きさせることになりかねない。そのため、国際的フォーラム (例えば OECD が想定される) において為替操作を規律する明確な基準につき検討することが急務であろう。④為替に関する何らかの合意をせざるを得ない場合には、TPP 協定の場合同様、協定本体とは別個のマクロ経済当局間の共同宣言とする (内容は TPP 協定の際の環太平洋パートナーシップ諸国のマクロ経済政策当局の共同宣言に準じたものとする) のが良いと思われる。

# 2. 政府系ファンドと国際法

## 1. はじめに

　本稿においては、最近の国際金融・国際投資の世界において影響力を増大させつつある政府系ファンド（Sovereign Wealth Funds, 国富ファンドとも呼ばれる、以下、SWF と略記する）をめぐる国際法上の諸課題について検討する。SWF は、①民間部門と比較した国家の影響力の相対的減少という少なくとも 2008 年秋の金融危機まで見られた傾向[1]に抗する存在である（既に金融危機以前から SWF と国営石油企業にはそのような傾向が見られた）と同時に、②SWF 保有国は湾岸諸国をはじめとする途上国が大半であるのに対して SWF の投資先は先進国企業が大半であり、「先進国企業・ファンドが途上国に投資して途上国経済を支配する」という一部に見られる懸念（多数国間投資協定（MAI）構想がその傾向をますます

強化すると懸念された)とは逆の構造を有している。

　以下、まず **2.** において SWF の定義と実態について簡単にふれた後、**3.** において SWF 保有国の自己規制であるサンチャゴ原則につき、他方、**4.** において SWF の投資受入側 (OECD,G8, 米国 ,EU) の規制動向につき検討する。**5.** では、国家安全保障に基づく外資規制は民間ファンドの場合にも認められることを確認した上で SWF についてどのような追加的なルールがあるかにつき検討する。**6.** においては、外資規制に関する国際ルール・基準のうち、SWF に関連するものについて概観する。**7.** においては、倫理ガイドラインを定め、国際法違反に加担したり国際的に好ましくない行動をとった企業から投資を引き揚げ、その旨を公表するという社会的責任投資 (SRI) 乃至 ESG 投資に準拠した投資行動をとるノルウェー政府年金基金グローバル (The Government Pension Fund of Norway-Global) を紹介するとともに、そこに含まれる国際法上の課題について検討する。**8.** においては、SWF が受入国の国内裁判所において主権免除を享受するか(付随的に SWF は課税から免除されるべきか)について検討する。最後に、**9.** において、一部の重債務貧困国が SWF を有している現状に鑑みるとき、債務問題を抱える国が SWF を有することの妥当性や、当該国の支配層が民衆の富を簒奪する手段として SWF を悪用しかねない懸念について指摘することとしたい。

## 2. SWF の定義と実態

　SWF の統一した定義はないものの、IMF の SWF 国際ワーキング・グループが示した次の定義が国際的に最も有力なものであるといえる。即ち、「SWF は、一般政府によって所有される特別目的の投資基金又は計画として定義される。マクロ経済目的のために一般政府によって設立され、SWF は金融目的を達成するために資産を保有・運用・管理し、外国金融資産への投資を含む一連の投資戦略を行使する。SWF は、一般には、国際収支の余剰、公的な外貨操作、民営化の余剰、財政黒字及び／又は商品輸出から生じる収益から設立される。」

「この定義は、伝統的な国際収支又は金融政策目的のために金融当局によって
保有される外貨準備資産、伝統的な意味での国営企業の運用、公務員年金基金、
個人の便益のために運用される資産は含まれない。」[2]　同ワーキング・グルー
プは、この定義に続けて、次の3つの key elements が SWF を定義すると指摘する。
「1. 所有：SWF は一般政府（中央政府と地方政府の双方を含む）によって所有される。
2. 投資：投資戦略は外国金融資産への投資を含み、それゆえ専ら国内資産に投
資する基金は含まれない。3. 目的と目標：マクロ経済目的のために一般政府に
よって設立され、SWF は金融目的を達成するため政府基金を投資するために
創設され、大雑把にのみ定義される責任を有することにより、SWF が中期及
び長期にわたる広範囲の投資戦略を行使することを可能にしている。SWF は、
伝統的な国際収支目的のみのために保有する準備ポートフォリオ以外の多様な
目的に資するものである。SWF は外貨準備資産を含みうるが、その意図はす
べての準備資産を SWF と考えることではない。」[3]

　若干の補足をすると、第1に、通常は、中央銀行は SWF にはカウントされ
ない。なお、上記ワーキング・グループの定義では、中央銀行の資産だからと
いってすべて SWF から除外するのではなく、国際収支目的以外の目的（例えば
次世代への富の移転）のために保有される場合には SWF となりうるとする[4]。第
2に、通常は、外国株式投資をさほど積極的には行わず主に米国債等で資産を
運用するような基金は SWF にはカウントされない[5]。

　SWF は、大別すると石油をはじめとする天然資源の収益を原資とするもの（湾
岸諸国や途上国の SWF の大半はこれに該当する）とその他の収益（貿易黒字等）を原
資とするもの（シンガポール政府投資公社（GIC）、中国投資有限責任公司（CIC）等）
に二分される。

　SWF が注目されたのは最近のことだが、SWF 自体は以前から存在し 1953 年
にはクウェート投資庁（Kuwait Investment Authority, KIA）が、1956 年にはキリバ
ツ歳入均等化準備基金（Kiribati Revenue Equalization Reserve Fund）が創設されてい
る。2010 年段階で資産額が特に大きいと考えられる 5 つの SWF は、アブダビ
投資庁（Abu Dhabi Investment Authority, ADIA, 約 5000-8750 億ドル）、ノルウェー政府

年金基金グローバル（約3290億ドル）、シンガポール政府投資公社（Government of Singapore Investment Corporation, GIC, 約1000-3300億ドル）、クウェート投資庁（約2130億ドル）、中国投資有限責任公司（China Investment Corporation, CIC, 約2000億ドル）である。SWF保有国の大半は産油国及び途上国であり、先進国のうちでSWFを保有するのは、ノルウェー、ニュージーランド、オーストラリア程度にとどまっている（米国やカナダは連邦レベルではSWFを有しないが、米国アラスカ州、カナダ・ケベック州、カナダ・アルバータ州はSWFを有する）。途上国の中には、先進国からODAの供与を受けながらSWFを保有する国が18か国存在し、モーリタニアやサントメ・プリンシペのように重債務貧困国（HIPCs）でありながらSWFを保有する国家さえ存在する。

　SWFの投資先は主に先進諸国（特に英国をはじめとする欧州諸国）であり、業種別ではビジネス・サービスや金融をはじめとするサービス業種への投資が多い。SWFの投資に対しては、「比較的短期の経済的利害のみで動く民間のファンドとは異なった投資行動をとり、長期的・戦略的観点から政治的に行動し、特に受入国の戦略業種（例えば、エネルギー・資源業種）を支配していくのではないか」という懸念がSWFを保有していない投資受入国には存在する。この懸念は、SWFが投資行動において透明性を欠いている（ノルウェーのGlobal及びニュージーランドのSuperannuation Fundを除く大多数のSWFがその投資活動の内容を公表していない）という事実によって増幅している。一方では、大半のSWFはpassive investment（大口株式保有はせず、取締役の地位を要求せず、「物言わぬ静かな株主」として株価上昇と株式配当で満足する）にとどまっているゆえ杞憂であるとの指摘もあるが、他方では、例えば、2007年に中国の国家外為管理局（State Administration of Foreign Exchange、SAFE）が、当時台湾と外交関係を有していたコスタリカ政府に対して、台湾と断交して中国と外交関係を開設するように要求し、これに応じたコスタリカには見返りとして中国は3億ドルのコスタリカ国債購入と1億3000万ドルの援助を同年6月1日に合意し、両国外相が署名した（これに基づき2008年1月にはSAFEが1億5000万ドル分のコスタリカ国債を購入した）といった報道もあり [6]、決して杞憂とは言えないと解せられる。

## 3. サンチャゴ原則

SWFをめぐる国際ルールについては、SWF自身が従うべき国際ルールと
SWF受入国が従うべき国際ルールとに大別される。これらのルールの提唱者
として少なからぬ影響力を持ったと考えられるのが、ロバート・キミット米国
財務副長官である。同氏は、SWF自身が従うべき5原則として、①政治的に
ではなく商業的に投資せよ (invest commercially, not politically)、②世界基準での組
織的統合を提示せよ (covey world-class institutional integrity)、③民間部門と公正に競
争せよ (compete fairly with the private sector)、④国際的な金融の安定性を促進せよ
(promote international financial stability)、⑤投資受入国のルールを尊重せよ (respect
host-country rules) と指摘し、他方、SWF受入国が従うべき4原則として、①保
護主義を回避せよ (avoid protectionism)、②公正かつ透明な投資枠組を遵守せよ
(uphold fair and transparent investment framework)、③投資家の決定を尊重せよ (respect
investor decisions)、④投資家を平等に待遇せよ (treat investors equally) と指摘した[7]。

IMFではSWF保有国23か国(州レベルでのみSWFを保有する米国、カナダを含む。
さらに3か国及びOECD,世界銀行がオブザーバー参加)がワーキング・グループを
組織し、SWF保有国のいわば自己規制ルールとして2008年9月にまとめられ
10月に公表されたのが、「一般に承認された原則及び慣行(サンチャゴ原則)」[8]
である。サンチャゴ原則は、ソフトロー(非拘束的合意)であり[9]、A.法的枠組、
目的及びマクロ経済政策との調整(第1原則～第5原則)、B.機構上の枠組及び
ガバナンス構造(第6原則～第17原則)、C.投資及びリスク管理枠組(第18原則
～第24原則)の計24原則から構成されている(原則の下に細則が追加されるものも
あり、また各原則には「説明及びコメンタリー」が付されている)。以下、国際法の観
点から興味深いものを中心として、概観する。

A.について。第1原則は法的基礎及び形態について、第2原則及び第3原
則は目的及びマクロ経済上のリンクについて、第4原則は資金及び投資引揚の
ルールについて、第5原則は統計編纂及び報告について規定する。

　第1原則は、「SWF の法的枠組は健全なものでなければならず、その実効的運用及び述べられた目的の達成を支持するものでなければらない」と規定する。コメンタリーでは、SWF の法的枠組としては、①特別法により規律された完全な行為能力を有する (国家とは) 別個の法人格を有するもの (例. アブダビ投資庁)、②国営企業の形態をとるもの (例. シンガポールの Temasek, シンガポール政府投資公社、中国投資有限責任公司)、③分離した法人格を持たない資産のプールとして国家又は中央銀行が保有するもの (例. ボツワナ、カナダ・アルバータ州、チリ、ノルウェー) の 3 つがあると指摘する。さらに、細則 1 では、「SWF の法的枠組は SWF の法的健全性とその取引を確保しなければならない」とし、細則 2 では、「SWF の法的基礎、構造及び SWF と他の国家機関との法的関係は公表されなければならない」と規定する。

　第2原則は、「SWF の政策目的は、明確に定義され、公表されなければならない」と規定する。コメンタリーでは、SWF 創設の政策目的としては、①安定化基金 (例. ロシア、チリ、メキシコ)、②将来世代のための貯蓄基金 (例. リビア、クウェート)、③準備金投資会社 (例. 韓国、シンガポールの GIC) があるとする。

　第3原則は、「SWF の活動が重要かつ直接的なマクロ経済効果を有する場合には、全般的なマクロ経済政策との整合性を確保するため、当該活動は国内の財政及び金融当局と密接に調整がなされなければならない」と規定する。

　第4原則は、「SWF の資金、投資引揚、政府のために行う支出活動に関しては、明確で公表された政策、規則、手続又は取決が存在しなければならない」と規定する。さらに、細則 1 では、「SWF の資金源は公表されなければならない」とし、細則 2 では、「SWF からの投資引揚及び政府のために行う支出の一般的アプローチは公表されなければならない」とする。

　第5原則は、「SWF に属する関連統計データは、所有者に適宜報告されなければならない。別途求められ適当な場合には、一連のマクロ経済データの中に含めて報告してもよい」と規定する。

　第3原則及び第5原則は、SWF の関連する範囲内において、IMF 協定上の義務履行という形で SWF を間接的に縛ろうという米欧の深謀遠慮があると指

摘される[10]。

B. について。SWF のガバナンスに関する B. の諸規定は、SWF の所有者と経営執行者を明確に分離した上で、経営執行者が独立したものであることを求めているとされる[11]。第 6 原則～第 9 原則はガバナンスの枠組について、第 10 原則～第 12 原則は説明責任 (accountability) について、第 13 原則～第 17 原則は活動の保全 (integrity) の確保について規定する。

第 6 原則は、「SWF のガバナンスの枠組は健全なものでなければならず、SWF の経営においてその目的遂行に際して説明責任と運用上の独立性を促進するために、役割と責任の明確かつ実効的な分担を確立しなければならない」と規定する。コメンタリーでは、①国家とは別個の法的実体として設立された SWF (例. カタール、アブダビの ADIA、オーストラリア、シンガポールの Temasek と GIC) は、SWF の所有者と統治組織とマネージメントを明確に分離するガバナンス構造を有する、②SWF が別個の法人格なしに資産プールとして設立された場合 (例. チリ、カナダ・アルバータ州、メキシコ、ノルウェー、ロシア、東チモール、トリニダード・トバゴ) には、所有者は省庁や議会委員会などの組織ユニットを通じて統治組織の機能を行使しうるが、この場合、所有者・統治組織とＳＷＦの活動マネージメントに責任を有する機関との明確な分離が重要であるとし、SWF の活動マネージメントは、中央銀行のような独立した実体に委ねられうるとする。

第 7 原則は、「所有者は SWF の目的を定め、明確に規定された手続に従って統治機関のメンバーを指名し、SWF の活動に対する監視を実施しなければならない」と規定する。

第 8 原則は、「統治機関は SWF の最善の利益のために行動しなければならず、またその機能を遂行するための明確なマンデート並びに十分な権威及び能力を有しなければならない」と規定する。統治機関の形態としては、取締役会又は理事会 (例. オーストラリア、中国、シンガポールの Temasek 及び GIC, UAE の ADIA, トリニダード・トバゴ) と委員会 (例. アイルランド、韓国) があり、また SWF が資金のプールである場合には、統治機関は財務省のユニットであったり (例. カ

ナダ・アルバータ州、ノルウェー、メキシコ、ロシア、東チモール)、中央銀行の統
治機関によって代表されたり (例. ボツワナ) することもある。

　第9原則は、「SWF の活動マネージメントは、独立した方法でかつ明確に規
定された責任に合致して SWF の戦略を履行しなければならない」と規定する。

　第10原則は、「SWF の活動の説明責任の枠組は、関連する法制、憲章、他
の設立文書又はマネージメント協定において明確に規定されなければならな
い」と規定する。ボツワナ、カナダ・アルバータ州、チリ、メキシコ、ノルウェー、
ノルウェー、ロシア、東チモール、トリニダード・トバゴでは、SWF 所有者
は立法府に対して責任を負う。SWF が独立したほう実体として設立された場
合には、統治機関は所有者に対して責任を負い、マネジマントは SWF の活動
(投資実績を含む) につき統治機関に対して責任を負う。SWF が別個の法人格を
有しない場合には、活動マネジメントの全責任は所有者が負う。

　第11原則は、「SWF の運営及び実績に関する年次報告及び付随する財務文
書は、時宜を得て、承認された国際又は国内会計基準に従って、一貫した方法
で準備されなければならない」と規定する。国際基準に準拠した SWF としては、
アゼルバイジャン、ボツワナ、東チモール、トリニダード・トバゴ、UAE の
ADIA があり、他方、オーストラリア、中国、韓国、ニュージーランド、シン
ガポールの SWF は、国内会計基準に準拠する。同原則で国内基準の適用が容
認されたのは、SWF が自国内の投資をしていることにも配慮して一定の妥協
を図ったものだと指摘される [12]。

　第12原則は、「SWF の活動及び財務文書は、国際的に又は国内で承認され
た会計監査基準に従って一貫した方法で毎年監査されなければならない」と規
定する。

　第13原則は、「専門性及び倫理の基準は、明確に規定され、SWF の統治機
関のメンバー、マネージメント及びスタッフに知らされなければならない」と
規定する。

　第14原則は、「SWF の活動マネージメントの目的の第三者との取引は、経
済的及び財務上の理由に基づくものでなければならず、また明確な規則及び手

続に従わなければならない」と規定する。

第 15 原則は、「受入国における SWF の活動は、当該国のすべての適用可能な規制及び公表要件に従って行われなければならない」と規定する。SWF は、受入国の証券取引法、独占禁止法、税法等に従わなければならないが、SWF は他の投資家以上に規制されないことを期待している。

第 16 原則は、「統治の枠組と目的は、SWF のマネージマントを運用上所有者から独立したものとする方法同様に、公表されなければならない」と規定する。

第 17 原則は、「SWF についての関連財務情報は、その経済上及び財務上の方向性を示すことによって、国際金融市場の安定性に貢献し受入国における信頼を高めるために、公表されなければならない」と規定する。

C.　について。第 18 原則〜第 21 原則は投資原則について、第 22 原則と第 23 原則はリスク・メネージメントとパフォーマンス測定について、第 24 原則は GAPP の履行について規定する。

第 18 原則は、「SWF の投資政策は、明確であって所有者又は統治機関によって設定された明瞭な目的、リスク耐性及び投資戦略と両立するものでなければならず、また健全なポートフォリオ・マネジメント原則に基づかなければならない」と規定する。細則 1 では、「投資原則は SWF の財務リスクの開示及びレバレッジのありうべき利用の指針となるものでなければならない」と規定する。細則 2 では、「投資原則は、内部・外部の投資マネージャーの利用の程度、彼（女）らの活動と権限の範囲、彼（女）らの選定の過程と運用成績の監視を対象として定めなければならない」と規定する。細則 3 では、「SWF の投資原則の説明は公表されなければならない」と規定する。

第 19 原則は、「SWF の投資決定はその投資原則と両立した方法でリスク調整後の財務上の収益を最大化することを目指さなければならず、また経済上及び財務上の根拠に基づかなければならない」と規定する。細則 1 は、「もし投資決定が経済上又は財務上の考慮以外のものに従う場合には、それは投資政策において明確に示され且つ公表されなければならない」と規定する。同細則の説明及びコメンタリーは、次のように述べる。「いくつかの SWF は多様な理由

に基づきある種の投資を排除することがあり、それには法的拘束力のある国際的制裁や社会的・倫理的・宗教的理由 (例. クウェート、ニュージーランド、ノルウェー) が含まれる。より広範に、いくつかの SWF はその投資政策において社会、環境又は他の要因に対応することがある。そのような場合には、これらの理由及び要因は公表されなければならない[13]。」同細則は、SWF が非経済的 (政治的) 考慮に基づき行動すること自体は排除しないとした点で極めて注目されるものである。もっともその場合には当該考慮要因を公表することを求めているが、ノルウェーの Global やニュージーランドの Superannuation Fund のように社会的責任投資 (SRI) の色彩を有する SWF の場合には後述するように公表がなされているものの、他方で、「相手国の戦略業種を買収することによって外交戦略上、相手国の優位に立つ」といった真意が公表されることは通常の状況ではおよそ期待できないゆえ、公表要件の実効性は限定的なものと解さざるを得ない。細則 2 は、「SWF の資産の運用は健全な資産運用原則として一般に認められたものと両立するものでなければならない」と規定する。

第 20 原則は、「SWF は、私企業との競争に際して、優先的な情報や広義の政府による不適当な影響を求めたり利用したりしてはならない」と規定する。本原則は SWF の私企業との公正競争を促進する規定であるが、もっとも、受入国は SWF に主権免除や税の優遇等のある種の特権を付与することはありうると指摘される[14]。

第 21 原則は、「SWF は、株主の所有権を株式投資の価値の基本的な要素であるとみなす。もし SWF がその所有権を行使することを選択する場合には、その投資原則に合致した方法で行使すべきであり、またその投資の財務的価値を保護すべきである。SWF は上場企業の投票権行使に関する一般的アプローチ (所有権の行使の主たる要因を含む) を公表しなければならない」と規定する。

第 22 原則は、「SWF は、その運用のリスクを同定、評価及び管理する枠組を有しなければならない」と規定する。細則 1 は、「リスク管理の枠組は、容認できる変数及び段階の範囲内での適当なモニタリング及び関連するリスクの管理を可能にする信頼できる情報及び時宜を得た報告のシステム、コントロー

ル及びインセンティヴのメカニズム、行動準則、事業継続計画並びに独立した
監査機能を含むものでなければならない」と規定する。細則2は、「SWFのリ
スク管理の枠組に対する一般的アプローチは公表されなければならない」と規
定する。

第23原則は、「SWFの資産及び（絶対的及びベンチマークに関連した）投資パ
フォーマンスは、明確に定義された目的及び基準に従って計測され所有者に報
告されなければならない」と規定する。

第24原則は、「GAPPの履行の定期的レビューの過程はSWF又はその代理
によって実施されなければならない」と規定する。

サンチャゴ原則は、SWF保有国による自己規律を非拘束的合意の形でまと
めたものであるが、「先手を打ってこのような自己規律基準を示すことによっ
て、より厳しい規制がSWFにかけられることを予防しよう」というSWF保有
国の思惑が同原則採択の背後にあったことに留意すべきである。同原則は非拘
束的合意であるゆえ法的拘束力はないものの、「あるメンバーがこれに沿った
行動をとったときに別のメンバーがそれに異議を唱えられなくなる（例えばある
メンバーのSWFが第19原則細則1に従い非経済的考慮に基づく投資をしてその旨を公
表した際に別のメンバーがそれに異議を唱えることはできなくなる）」という対抗力の
効果が生じることになる。

元米国財務省次官補のトルーマンは、サンチャゴ原則及び彼自身のスコア
ボードに照らして各SWFの成績表を数値で示している[15]。これによると最も
高得点を獲得したのは、ノルウェーのGlobalである。

## 4.　米国財務省と2つのSWFとの合意

米国財務省は、2008年3月にアブダビ投資庁（ADIA）及びシンガポール政府
投資公社（GIC）との間で政策原則につき合意した[16]。SWFに対する政策原則
とSWF投資受入国に対する政策原則とからなる。

前者（SWFに対する政策原則）は、次のように規定する。①SWFの投資決定は、

直接又は間接に本国政府の地政学的目標を推進するためではなく、専ら商業的理由に基づいてなされるべきである。SWF はその旨を基本的な投資運営政策の一部として正式に採用すべきである。

②目的、投資目標、機構上の取決及び財務情報（特に資産配分、ベンチマーク、適当な歴史的期間における収益率）といった分野における SWF による一層の情報開示は、金融市場における不確実性を減少させ受入国における信頼を構築する。③ SWF は強固なガバナンス構造、内部統制及び運用・リスク管理システムを有するべきである。④ SWF と私的セクターは公平に競争すべきである。⑤SWF は投資先の国家のすべての適用可能な規制及び開示要件に従うことにより、ホスト国のルールを尊重すべきである。

後者（SWF 投資受入国に対する政策原則）は、次のように規定する。① SWF 投資を受け入れる国家はポートフォリオ又は外国直接投資に対する保護主義的な障壁を構築してはならない。②受入国は予見可能な投資枠組を確保しなければならない。対内投資ルールは公表され、明確に規定され、予見可能であり、強固かつ一貫した法の支配によって支持されなければならない。③受入国は投資家間の差別をしてはならない。対内投資原則は同様の状況にある投資家を平等に扱わなければならない。④受入国は SWF の投資を統制しようとせず、投資家の決定を可能な限り侵入的なものではないとして尊重すべきである。国家安全保障上の理由に基づき投資に課せられるいかなる制限も取引によって生じる真の安全保障上のリスクと均衡のとれたものでなければならない。

これらの原則はキミット財務副長官が示した前掲の基準とほぼ対応しているものであり、また国家安全保障を理由とした SWF の投資規制を明示的に容認した点でも注目される。

## 5. SWF 投資受入側の動向

SWF の主要な受入側である先進諸国からなる OECD、G8 サミット、欧州委員会は、SWF に対して下記のような対応をすることを確認している。

　OECD は、2008 年 4 月に SWF を含むすべての外国投資家に適用される一般投資原則として、無差別、透明性、漸進的自由化, standstill, 一方的自由化の 5 つを明示した。同年 6 月の OECD 閣僚理事会では、「SWF と受入国の政策に関する OECD 宣言」[17] が採択された。そこでは、「もし SWF の投資が商業的目的ではなく政治的目的によって動機づけられるのであれば、それは関心の淵源となりうるものであって正当な国家安全保障上の関心が生じうることを承認した」というパラグラフを含む前文に続いて、以下の政策原則につき合意した。①受入国は、外国投資に対する保護主義的な障壁を構築すべきではない。②受入国は、同様の状況においては投資家の間で差別をすべきではない。受入国におけるいかなる追加的な投資規制も、外国投資家と国内投資家の双方に一般的に適用される原則が正当な国家安全保障上の懸念に対処するのに不十分である場合にのみ考慮されうる。③国家安全保障上の関心が生じた場合には、受入国による投資セーフガードは、(1) 透明かつ予見可能であり、(2) 明確に同定された国家安全保障上のリスクと均衡したものであり、(3) その適用上説明責任に服さなければならない。

　G8 では、① 2007 年 6 月のハイリゲンダムサミット首脳宣言では、第 11 パラグラフにおいて、「我々は外国投資に対する国家的規制を最小化することに引き続きコミットする。こうした規制は、主に国家安全保障に関連する極めて限定的な事例にのみ適用されるべきである。そのような事例において従うべき一般原則は、無差別、透明性、及び予測可能性である。いかなる場合においても、規制措置は必要な範囲、程度及び期間を超えるべきではない。投資に関して適用可能な条約は、引き続き影響を受けない」と述べている。② 2008 年 7 月の北海道洞爺湖サミット首脳宣言では、第 6 パラグラフにおいて、「いかなる外国投資の規制も、主に国家安全保障上の懸念に焦点を当てた非常に限定されたものであるべきであり、かつ、透明性及び予見可能性、比例性、説明責任の諸原則に従ったものであるべきである」と述べ、また第 8 パラグラフにおいて、「SWF は、世界経済においてますます重要な参加者であり、我々は幾つかの SWF による透明性の向上に向けた最近のコミットメントを歓迎する。我々

は、SWF 及びその受入国のベスト・プラクティスを特定する IMF 及び OECD の作業を奨励し、この文脈において、OECD 閣僚理事会における SWF と受入国の政策に関する OECD 閣僚宣言を歓迎する」と述べている[18]。

欧州委員会は、2008 年 2 月に SWF に関する communication を採択した[19]。そこでは、① EU 内外 (SWF を運用する第三国におけるものも含む) 双方における開かれた投資環境へのコミットメント、② IMF や OECD のような国際組織における多数国間の作業の支援、③ EU 及び加盟国のレベルでの既存の手段の利用、④ EC 条約上及び WTO の枠組のような国際約束の尊重、⑤均衡性及び透明性、という 5 つの原則が示されている。また、FAQ における回答[20] をみると、ガバナンスについては、責任の明確な配分と分離、SWF 投資の全般的目標を定義した投資政策の発出、それらの目標を達成するための運営上の自律性、SWF の政府当局との関係の一般原則の公表、一体性を確保する内部ガバナンスの一般原則の公表、リスク・マネージメント政策の発出を、透明性については、投資ポジション及び資産配分の年毎の公表、所有権の行使、レバレージ行使及び通貨構成の公表、資産の規模及び淵源、本国の規制及び監視の公表を、欧州委員会が考えていることがわかる。特に注目すべきは、欧州委員会としては、米国の対外投資委員会 (CFIUS) のような外資規制のための特別の機関を創設する考えはないとしていることである。

## 6. SWF と外資規制

主要諸国の外資規制そのものに関しては本稿では触れることはできないが、ここでは SWF による投資の受入規制に関して以下の 3 点のみを指摘しておきたい。

第 1 に、1960 年に採択された OECD 資本移動自由化コード (OECD 理事会決定であり、法的拘束力を有する) 3 条においては、「本コードの諸規定は、締約国が、①公の秩序の維持又は公衆の衛生、モラル及び安全の保護、②重大な国家安全保障上の利益の保護、③国際の平和及び安全に関する義務の履行、のために必

要と考える行動をとることを妨げるものではない」として、これらの理由に基づく外資規制を容認している。ここで注目すべきは、同条を援用する国家が何が①②に該当する業種であるかを主観的に解釈できる[21]ということである（③は国連安保理の拘束力ある決定を指す）。言うまでもなく該当業種に対しては、民間ファンドによる投資のみならずSWFによる投資に対しても等しく受入を規制をすることが可能である。

　第2に、SWFに対する外資規制が基本的に受入国の裁量によるとしても、裁量の範囲は無制限ではなく、5.でみたサミットの諸宣言において確認されたように、無差別、透明性、予見可能性、比例性、説明責任といった諸原則を逸脱するものであってはならない。

　第3に、外国のSWFに対する受入規制は外国の民間ファンドに対する受入規制と同一であるべきか否かについては、米国－ADIA, GIC間の合意、OECDやサミットの宣言において無差別原則（同様の状況にある投資家の平等待遇）がうたわれている。もっとも、SWFによる投資は民間ファンドによる投資に比べて国家安全保障上の懸念を生じさせる蓋然性がより大きい以上、同一の基準をもって審査したとしてもSWFによる投資は民間ファンドによる投資よりも結果として規制される場合が多くなるということはありえよう[22]。

## 7. SWFと社会的責任投資

　ノルウェーのGlobal（Government Pension Fund - Global）は、国際法違反に関与したり国際的に望ましくない行動をとる企業には投資をせず、また当該企業の株式を売却して投資を引き揚げるという倫理ガイドラインを有し、具体的な企業名を挙げて投資を引き揚げた理由を公表している。ニュージーランドの退職者年金基金（Superannuation Fund）もほぼ同様である。これらのファンドの行動は、SWFによる社会的責任投資（SRI）ともいえるものである。ここでは、以下、主にGlobalについて概観することにしたい[23]。

　ノルウェー財務大臣は、2005年12月にGlobalに関する倫理ガイドライ

ン (Ethical Guidelines) を採択した[24]。2010 年 3 月にはこれにとってかわる形で政府年金基金 Global の遵守及び投資対象からの排除に関するガイドライン (Guidelines for Observation and Exclusion from the Government Pension Fund Global's Investment Universe) が採択された[25]。前者では、「1. 基礎」において、「Global は、基本的な人道原則の違反、重大な人権侵害、大規模な腐敗又は重大な環境損害といった反倫理的な行為や不作為に寄与しうる許容できないリスクを構成する投資を行うべきではない」とし、「2. メカニズム」において、「Global の倫理的基礎は、①国連のグローバル・コンパクト及び OECD の多国籍企業コーポレート・ガバナンス指針に基づき、長期の財務収益を促進するため所有権を行使すること、②自ら又は自らがコントロールする実体を通じてその通常の使用が基本的な人道原則に違反しうる武器を製造する企業を投資対象から排除すること、③次のものに寄与する容認しがたいリスクがあると考えられる場合に企業を投資対象から排除すること。a. 重大又は体系的な殺人、拷問、自由の剥奪、強制労働、最悪の形態の児童労働その他児童の搾取のような人権侵害、b. 戦争又は紛争の状況における個人の権利の重大な侵害、c. 重大な環境損害、d. 大規模な腐敗、e. 他の基本的な倫理規範の特に重大な侵害」とし、「4. 否定的選別及び排除」では、5 名の委員からなる倫理評議会 (Council on Ethics) が、財務大臣に対して、投資がノルウェーの国際法上の義務に違反するか否かの勧告及び上記の③ゆえに企業を投資対象から排除する勧告を行う旨を規定する。後者では、排除対象となる企業の範囲を拡大し、倫理評議会の任務をより明確に規定し、倫理評議会と中央銀行の情報交換や調整に関する規定をおいている。後者 (2010 年のガイドライン) では、国連のグローバル・コンパクト及び OECD の多国籍企業コーポレート・ガバナンス指針への直接の依拠はなされていないが、実質的な内容に相違がある訳ではない。後者の中心をなす「Section 2, ファンドの投資対象からの企業の排除 (Exclusion of companies from the Fund's investment universe)」においては次のように規定する。「(1) ファンドの資産は自らが又は自らがコントロールする実体を通じて、a. その通常の使用を通じて基本的な人道上の原則に違反する武器を製造する企業、b. タバコを製造する企業、c. ファ

ンドのマネジメント・ガイドラインの 3.2 節 に言及された国家 [26] への武器又
は軍事物資の販売をする企業に投資をしてはならない。(2) 大臣は、倫理評議
会のアドバイスに基づき、パラグラフ 1 で言及されたファンドの投資対象から
の企業の排除について決定する。(3) 財務大臣は、倫理審議会のアドバイスに
基づき、次のものに寄与する容認しがたいリスクがある又は次のものに対して
責任を負う企業を投資対象から排除することができる。a. 重大又は体系的な殺
人、拷問、自由の剥奪、強制労働、最悪の形態の児童労働その他児童の搾取の
ような人権侵害、b. 戦争又は紛争の状況における個人の権利の重大な侵害、c.
重大な環境損害、d. 大規模な腐敗、e. 他の基本的な倫理規範の特に重大な侵害。
(4) ある企業が (3) に従って排除されるべきかどうかの評価に際しては、大臣は、
とりわけ、次のものを考慮することができる。将来の規範の違反の可能性、違
反のひどさや程度、規範の違反とファンドが投資している企業との関連、当該
企業が合理的な時間枠の中で将来の規範の違反のリスクを減少させるのに合理
的に期待されうることを行っているか、良好なコーポレート・ガバナンスの保
持、環境及び社会状況、当該企業が現在又は過去に影響を受けた者に対して積
極的な貢献を行っているか。(5) 大臣は、排除に関する決定をする前に当該事
案に関する十分な情報が得られるよう確保しなければならない。パラグラフ 3
に従って排除の決定をする前に、大臣は他の措置の方が規範の違反が継続する
リスクを減少させるために又は他の理由ゆえにより適しているかどうかを検討
しなければならない。」そして、財務大臣は、株式を売却した後又は倫理評議
会の勧告に従わないとの最終決定をした後、倫理評議会の勧告を公表する (4.7
節)。

　2010 年 10 月までに投資対象から排除された企業は、①武器を製造する企
業が 19 (対人地雷製造 1 社、クラスター弾製造 8 社、核兵器製造 10 社)、②ミャン
マーへの武器及び軍事物資の販売をする企業が 1 社、③タバコ製造企業が 17
社、④重大又は体系的な人権侵害に寄与した企業が 2 社、⑤重大な環境損害に
寄与した企業が 9 社、⑥他の基本的な倫理規範の特に重大な違反に該当する企
業が 1 社、⑦戦争又紛争の状況における個人の権利に重大な違反に該当する企

業が 1 社の合計 50 社である。④の 2 社は、Wal-Mart Stores inc.（米）と Wal-Mart de Mexico SA de CV（墨）であり、2005 年 11 月に倫理評議会は、米国内外において国際労働基準等の容認できない違反のリスクがあるとし、それゆえ投資を通じて人権の重大又は体系的な違反に共謀する容認し難いリスクが生じるとしてポートフォリオから除外するよう勧告した[27]。この勧告に基づき、2006 年 5 月に投資対象からの排除がなされた。⑤において特に注目されるのは、2008 年 2 月に倫理評議会が、世界的な鉱物資源開発企業である Rio Tinto Ltd.（豪）及び Rio Tinto Plc.（英）がインドネシアでの鉱山事業に参加することで重大な環境損害に直接寄与したとし、それゆえ株式を保有し続けると現在及び将来の重大な環境損害に寄与するという容認し難いリスクが生じるとしてポートフォリオから除外するよう勧告したことである[28]。この勧告に基づき、同年 6 月に投資対象からの排除がなされた（約 910 億円の株式売却の旨が公表されたのは同年 9 月である）。⑥に該当するのは Elbit Systems Ltd（イスラエル）であり、同社はイスラエル政府によって西岸地区に建設された分離壁の監視システムを供給していたが、2009 年 5 月に倫理評議会は、同社は国際法違反への重要な寄与をしているとし、それゆえ同社への投資は倫理規範の特に重大な違反に共謀する容認し難いリスクを負うことになるとして、投資対象から除外するよう勧告した。この勧告に基づき、同年 8 月に投資対象からの排除がなされた。なお、一旦投資対象から排除された企業も、その後の行動に鑑み、排除を撤回することもある。例えば、Kerr-McGee Corporation（米）は、西サハラ沖の大陸棚において石油・ガス資源の採掘・探査活動に従事していたが、このような経済活動はモロッコの主権要求を強化する反面、国連主導の平和プロセスを弱めるものであるとして、2005 年 6 月に投資対象から排除されたが、その後、同社は西サハラ沖の大陸棚での活動を終了したため、2006 年 6 月に財務大臣は今後同社を排除しないと決定した[29]。

　このような Global の投資行動は、SWF が行う社会的責任投資といえるものであって民主主義国における国民の富の投資のあり方としては基本的に好ましいものであろう。ここでは以下の 3 点を指摘しておきたい。

第 1 は、「当該企業が国際法違反行為や反倫理的行為に共謀する」「Global による当該企業への投資が国際法違反行為や反倫理的行為に共謀する」という 2 つの意味で登場する「共謀」(complicity) 概念が不明確性であるということである。前者 (「当該企業が国際法違反行為や反倫理的行為に共謀する」) に関する倫理評議会の考え方をまとめると、①主犯が国家であることが立証される場合に限って企業の共謀が立証されうる訳ではなく、ノルウェー刑法及び国際刑事法上、他の当事者が主犯であることの立証なしにある行為に共謀したと判断することは可能である、②国際標準及び国際規範は、企業が国際条約違反に対して法的に責任を負うか否かを問うことなく、どのような作為・不作為が容認できないとみなされるかを示すものである。③それゆえ、倫理評議会は、個々の国家が人権・労働基準に違反したか否かを検討することは要求されず、国際的に承認された最低基準に重大に又は体系的に違反して企業が行動する容認できないリスクが存在することを立証すれば十分である [30]、とする。その説得性には異論もありえよう [31]。後者 (「Global による当該企業への投資が国際法違反行為や反倫理的行為に共謀する」) については、投資排除勧告の直接の理由が前者ではなく後者であること (前者の存在ゆえに投資により後者が生じるゆえ、投資排除を勧告するという理由づけ) は興味深いものである。

第 2 は、Global による問題企業への投資引揚とその理由の公表や投資継続・買増が国際法上、問題を生じることは通常はないということである。SWF の行為は通常は本国には帰属しない [32] ことに加えて、たとえ帰属するとしても、これらの投資行動が国内問題不干渉原則違反となることはない [33] からである。もっとも株式売却後に売却の理由を公表したがその内容が誤っていた場合には、株主に損害を与え企業のブランドイメージを傷つけ国内法上の不法行為責任を問われる可能性はあるかもしれない。

第 3 は、投資引揚の理由の公表は、当該企業の従業員や株主に悪影響を及ぼすことがありうるということである。この点を勘案して、Chesterman は引揚の理由を公表しないことを提言している [34] が、引揚理由の公表は Global の投資行動が倫理的であることを国際社会に PR する強いインパクトを有するもの

46

であり、そこにはノルウェーという国家の理念が如実に示されている以上、非公表にすることは少なくとも当面は考えられないであろう。

ニュージーランドの Superannuation Fund においても、責任ある投資政策（Responsible Investment Policies）の下、①核爆発装置の製造・実験、②クラスター弾製造、③タバコ製造、④捕鯨（鯨肉加工を含む）に従事する企業等が投資対象からの排除リストに挙げられ[35]、実際に 2010 年 10 月までに①につき 2 社、②につき 11 社、③につき 20 社、④につき 1 社（その他、対人地雷製造企業 1 社）が排除されている。

## 8. SWF と主権免除、課税免除

SWF が外国国内裁判所において裁判権免除を享受するか否かについては、次のように基本的には否定的に解することができる。

第 1 に、主体との関連では、3. でみたサンチャゴ原則の第 1 原則において指摘したように、SWF には、①特別法により規律された完全な行為能力を有する別個の法人格を有するもの、②国営企業の形態をとるもの、③分離した法人格を持たない資産のプールとして国家又は中央銀行が保有するものの 3 形態があり、③については「国家及びその政府の諸機関」（国連国家免除条約第 2 条 1 項 (b) (i)）に含まれるうるものの、①②については、せいぜい「国の外務機関その他の団体」（同項 (b) (iii)）に含まれうるものである。

第 2 に、同項 (b) (iii) では、主権免除の享有主体たりうる「国の外務機関その他の団体」は、「これらが国家の主権的な権能の行使としての行為を行う権限を有し、かつ、そのような行為を現に行っている場合に限る」との条件を付しているが、SWF はこの要件を通常は満たさないため、結局、同項 (b) にいう主権免除の主体たる「国」には該当しないものと解せられる。

第 3 に、同条約第 15 条 1 項では、「会社への参加」に関しては裁判権免除を援用できないとしており、株式保有も「会社への参加」に該当すると解せられる[36]ため、外国企業の株式を保有する SWF は結局、裁判権免除を援用できな

いことになる。

　もっとも、第2の点に関しては、SWF の行為がすべて業務管理的行為 (*acta jure gestionis*) と断言できる訳ではなく、主権的行為 (*acta jure imperii*) に該当する可能性の検討も必要であろう。この点に関して、Barbieri は、この問題の検討には「SWF の創設が主権的行為に該当するかという問題」と「SWF の投資が主権的行為に該当するかという問題」とを分けて考える必要があるとした上で、前者については、forex SWF（原資が天然資源等の財ではなく貿易黒字等を原資とする SWF）の創設は国家の財政政策の不可欠な一部分を構成するから主権的行為であるのに対して、commodity SWF（天然資源等の財を原資とする SWF）の創設は必ずしも主権的行為とはいえないとし、後者については、通常の投資 (passive investor としての投資) は業務管理的行為と性格づけられるが、相手国の金融市場の安定性を混乱させるために投資とその引揚をするなど政治的動機に基づく投資についてはそう性格づけるの難しいとの持論を展開する [37]。興味深い見解だが、前者に該当する具体的な場合としてどのような場合を想定しているかが明らかではないことに加えて、後者については実際には政治的動機の有無の判断をすることはおよそ容易ではない（上記の例は極端であろう）ことに加えて、結局の所、より特定された基準である第3の基準によって判断されることになる（つまり、政治的動機に基づく株式投資も国連国家免除条約 15 条 1 項にいう「会社への参加」として裁判権免除は認められない）と解せられる [38]。

　裁判権免除とは区別された執行免除に関しては、SWF の3形態の③のうち中央銀行の財産に該当するものについては、国連国家免除条約第 21 条 1 項 (c) において執行免除の対象外となることが留意される。

　SWF の主権免除に関連すると考えられている主題が SWF への課税免除の是非である。この問題に関する国連国家免除条約の位相は、次のようにまとめることができる [39]。同条約の検討過程においては、① 1984 年に「関係国間で別段の合意がなされない限り、国家の裁判権免除は、他国の裁判所では、関税、租税又は他の類似の賦課金のような法廷地国の法の下で当該国が負う財政上の義務に関連する訴訟においては、援用できない」という草案 17 条（財政事項）

が仮採択された[40]。同条のコメンタリーでは、同条のルールは国家実行において認められていること（英国、シンガポール、パキスタン、南アフリカの主権免除法と合致するとする）、課税できる根拠は領域的関連性であること、差押や強制執行に関する手続には同条は適用されないこと等を指摘する。②同条は1986年の第一読終了時には第16条として採択された[41]。③しかしながら、同条は1991年の第二読終了時までには削除された。この点に関連して、10条（商取引）のコメンタリーでは次のように述べる[42]。「ある委員が同条に関して、国家が自国の裁判所で他国を提訴することを認めるゆえ諸国家の主権平等原則に反するとして、強い留保を表明した。この関連で、同条を削除する提案が出された。この提案の理由は、同条は法廷地国と外国国家という二国家間の関係のみに関わるものであって、本質的に国際法の既存の規則によって規律される二国間の国際問題を扱うものであるが、これに対して、本条文草案は国家と外国の自然人又は法人の間の関係を扱うものであって、その目的は当該私人による国家に対するある種の行動から当該国家を保護することであるため、それゆえ、国家間関係を扱う同条を本条文草案中におくことは適当ではない、というものであった。これに対して、何名かの委員が、同条は広範な法制上の実行に基づくものであり、第一読で採択されているとして同条の削除に反対した。討論の結果、同条の削除が財政事項に関する法に影響を与えるものではないとの理解の下に同条を削除することが決定された。」④2004年に採択された国連国家免除条約では、財政事項に関する規定はない。同条約前文では、「この条約により規律されない事項については、引き続き国際慣習法の諸規則により規律されることを確認して」とあるが、財政事項についての裁判権免除に関する国際慣習法は確立されているとは言い難い。

OECDでは、モデル租税条約4条1項の「締約国の居住者」の定義にSWFが含まれるかという文脈でこの問題がとらえられているが、そもそも課税問題について主権免除のルールが適用されるべきかについて国際的なコンセンサスがあるとはいい難い[43]。

さらに、ADIAが指摘しているように、SWFへの課税の問題は主権免除の

観点からのみならず、諸国家の礼譲 (comity of nations) の観点からも検討される
べきであろう。ADIA は、サンチャゴ原則の第 15 原則 (ここでは、SWF の活動は
受入国の税法に従わなければならないという趣旨) のコメンタリーにある「SWF は他
の投資家以上に規制されないことを期待している」の意味につき、この期待と
は、① SWF を他の外国投資家や他の外国国家よりも不利に扱わないとの期待、
② SWF を国内投資家よりも不利に扱わないことの期待の 2 つであるとし、そ
れゆえ国家が自国政府の投資機関に課税しないのであれば外国政府の投資機関
にも課税しないのが「諸国家の礼譲」と両立すると指摘する。また、「諸国家の
礼譲」は国家間の相互主義も含むものであって、多くの国家が自前の SWF を
創設するようになれば互いの SWF に課税しないことで諸国家が合意すること
がますます道理にかなうものになると指摘する [44]。

## 9．SWF と国家債務問題、「民衆の富の簒奪」問題

　SWF を有する国の大半は非先進国であって、民主主義的ではない政治体制
の国が少なくない。さらに、先進国から ODA の供与を受けながら SWF を有
する国も 18 か国も存在し、中には、モーリタニアやサントメ・プリンシペの
ように重債務貧困国 (HIPCs) でありながら SWF を有する国さえ存在する。

　国家債務問題については、パリ・クラブを中心として、先進諸国が途上国債
務の減免を行ってきた [45]。SWF を有しない先進諸国の納税者の税金が一部途
上国の SWF の事実上の原資になることは公平におよそ反するものであるため、
「SWF 保有国に対しては国家債務減免を原則として認めない」といった対応を
パリ・クラブにおいて採用することが求められよう。

　さらにより深刻な問題は、透明性を欠く SWF の原資及び投資収益が、当該
国における国際法違反の遂行や民主化の動きに対する弾圧や一部支配層による
財産の私物化のために悪用されるおそれが払拭できないということである。い
わゆる「民衆の富の簒奪 (indigenous spoliation)」[46] という一部の途上国において見
られる現象が、透明性の欠如する SWF を隠れ蓑にして実行しやすくなるため、

例えば IMF においてそのような望ましくない事態が発生・継続しないよう実効的な監視をするメカニズムを導入・確立するといった対応が求められよう。なお、2011 年 3 月の安保理決議 1973（パラグラフ 19）に基づいて欧米主要各国がリビアの SWF である Lybian Investment Authority の資産を凍結したが、この凍結は「民衆の富の簒奪」に対抗する措置としても位置づけることが可能であると解せられる。

## 10. おわりに

以上、みてきたように、SWF は、国際法上も興味深い様々な素材を提供するものである。

SWF による投資の多くは金融をはじめとするサービス分野への投資である[47]ため、SWF による投資が、サービス貿易協定（GATS）上、どう位置づけることができるかも重要な課題である。この点に関して要点のみ記せば、①SWF が GATS の規律対象となりうるのは、SWF が外国のサービス提供者を所有・支配する場合に限定される（28 条（m）（n））、②国家による SWF への資金供与は「補助金」に該当する可能性があるが、サービス貿易には補助金協定はなく、悪影響を受ける国には協議要請権が認められているにとどまる（15 条 2項）、③GATS には安全保障のための例外規定（14 条の 2）があり、要件に該当する場合、SWF 受入国が援用することが可能である、④金融サービス附属書（2条）は信用秩序維持のための措置（prudential measures）を認めており、SWF への一層の規制が可能である[48]。

特に、7.、8.、9. でふれた諸課題は、国際法からの検討や提言が不可欠な主題であろう。また、7. でふれたノルウェーの Global の社会的責任投資行動は、将来、もし我が国においても SWF が創設される場合には、成熟した民主主義国における国富の利用方法のモデルとして大いに参考となるものであろう。

## 注

**1**　この点に関しては、拙稿「グローバリゼーションにおける国家－国際法の観点から」『ジュリスト』1356 号（2008 年 5 月 1 日・15 日合併号）120-126 頁参照。

**2**　International Working Group of Sovereign Wealth Funds, *Sovereign Wealth Funds, Generally Accepted Principles and Practices, "Santiago Principles"* (2008), p. 27.

**3**　*Ibid.*

**4**　*Ibid.*, note 42.

**5**　年金積立金管理運用独立行政法人（GPIF）は SWF には通常カウントされない。

**6**　Financial Times, 12 September 2008.

**7**　Robert M. Kimmitt, Public Footprints in Private Markets, *Foreign Affairs*, vol. 87 No. 1 (2008), p.127

**8**　*Supra* note 2., pp.11-25.　サンチャゴ原則に関しては、邦語文献では、前田匡史『国家ファンド』(PHP、2009 年) 129 － 141 頁が参考になる。

**9**　各原則においては、shall ではなく should が用いられている。

**10**　前田・前掲（注 8）135-136 頁。

**11**　前田・前掲（注 8）137-138 頁。

**12**　前田・前掲（注 8）138 頁。

**13**　*Supra* note 2, p. 22.

**14**　*Supra* note 2, p. 22, note 35.

**15**　Edwin M.Truman, *Sovereign Wealth Funnds : Threat or Salvation ?* (2010), pp. 69-147.

**16**　http://treas.gov/press/releases/hp881.htm　非拘束的合意であり、should が用いられている。

**17**　OECD Declaration on Sovereign Wealth Funds and Recipient Country Policies, C/MIN (2008) 8/FINAL　非拘束的合意であり、should が用いられている。

**18**　サミットの諸宣言は非拘束的合意である。

**19**　IP/08/3131

**20**　MEMO/08/126

**21**　K.Yannaca-Small, Essential Security Interests under International Investment Law, in *International Investment Perspectives* (OECD, 2007), p.95. 日本では、「公の秩序」にかかる業種として、電力・ガス、熱製造、通信、放送、水道、鉄道、旅客運送を、「公衆の安全」にかかる業種として、生物学的製剤製造業を、「国の安全」にかかる業種として、武器、航空機、原子力、宇宙開発、火薬類及びこれら産業等にかかる電子部品、電気機械器具、情報通信機器具等製造業が該当するとして外資規制を行い、また同コード 2 条で認められた留保リストには、農林水産業、鉱業、石油業、皮革・皮革製品製造業、航空運送業、海運業、NTT への直接・間接の外資参加 (1/3 未満) を挙げている。

**22**　日本では、外為法 27 条において、「国の安全を損ない、公の秩序の維持を妨げ、又は公衆の安全の保護に支障を来すことになる」おそれのある対内直接投資（指定された業種につき 10％以上の株式保有）及び「我が国経済の円滑な運営に著しい悪影響を及ぼすことになる」おそれのある対内直接投資（同）については、最終的に

投資の変更・中止を命令できる旨、規定されており、2008年5月に政府は英国の民間ファンド TCI に対して J-Power の株式買増請求につき中止命令を発した。同事案につき、拙稿 Restrictions on Foreign Investment in the Energy Sector for National Security Reasons : The Case of Japan, *in* Aileen McHarg et al.（eds.）, *Property and the Law in Energy and Natural Resources*（Oxford University Press, 2010）, pp. 311-325 参照。将来もし SWF による投資が上記の「おそれ」に該当するか否かの判断に必要になった場合には、当該 SWF のこれまでの行動、SWF と本国との関係、本国による自国に対する外交スタンスといった諸要因を総合的に勘案する必要があり、結果として民間ファンドによる投資よりも SWF による投資の方が規制されるということはありうるが、このことは平等待遇自体に相反するものではない。但し、現行の外為法の「おそれ」基準のままでは透明性や説明責任に欠ける面があるため、より詳細な判断基準を設けるべきであろう。この点で参考となるのが、米国の法制（いわゆる Exon-Florio 条項）であり、そこでは外国企業・ファンドによる米国企業の取得の国家安全保障に与える影響を決定するに際して大統領が考慮できる要因として今日では 11 の要因を挙げている。同条項に関しては、拙稿「国境を越えた企業合併・買収と国際法」『国際法外交雑誌』105 巻 3 号（2006 年）12-15 頁。

**23**　Global について国際法・国際経済法の観点から検討したものとして、Simon Chesterman, The Turn to Ethics : Disinvestment from Multinational Corporations for Human Rights Violations- The case of Norway's Sovereign Wealth Fund, *American University International Law Review*, vol. 23（2008）, pp. 577 - 615 ; Larry Cala Backer, Sovereign Wealth Funds as Regulatory Chameleons: The Norwegian Sovereign Wealth Funds asnd Public Global Governance through Private Global Investment, *Georgetown Journal of International Law*, vol. 41（2009）, pp. 101-192.

**24**　http://www.ecofact.com/downloads/080613%20Ethical%20Guidelines.pdf

**25**　http://www.regjeringen.no/en/sub/styrer-rad-utvalg/ethics_council/ethical-guidelines. html?id=425277

**26**　ミャンマーのみが挙げられている。

**27**　http://www.regjeringen.no/pages/1661427/Tilrådning%20WM%20eng%20format.pdf

**28**　http://www.regjeringen.no/en/sub/styrer-rad-utvalg/ethics_council/Recommendations/ Recommendations/recommendations-on-environmental-damage/recommendation-of-february-15-2008-on-ex.html?id=526052

**29**　http://www.regjeringen.no/en/dep/fin/press-center/Press-releases/2006/KerrMcGee-Corporation-is-again-included-.html?id=419868

**30**　注 27 の投資排除勧告の 5 頁参照。

**31**　また「共謀」は、米国の外国人不法行為法を企業に適用しようとする際にも大きな問題となるが、別の機会に検討することとしたい（2010 年 9 月 17 日、米国の Second Circuit は、Kiobel v. Royal Dutch Petroleum 判決において、企業の対する請求に関して同法に基づく管轄権は認められない旨、判示した）。なお、2013 年 4 月 17 日、米国最高裁は同法は国外での行為には適用されないと判旨した。

**32**　国家の統治権能の一部を行使する団体の行為は、特定の事案において当該団体が

その資格で行動していた場合には、国際法上当該国の行為とみなされうる（国家責任条文第 5 条）ものの、SWF は通常、国家の統治権能の一部を行使するものではないからである。政府系企業と国家責任の関係につき、拙稿「政府系企業、政府系ファンド（SWF）と国際法（ロースクール国際法第 10 回）」『法学教室』2009 年 1 月号 153-154 頁参照（拙著『ロースクール国際法読本』（信山社、2013 年）119-121 頁に再録）。

**33**　株式の売買はもともと自由であることに加え、問題企業が共謀した国家の行動をたとえ批判したとしても、単に特定国の事項について懸念を表明するだけでは内政干渉とは言い難い（2001 年 4 月 17 日参議院外交防衛委員会における河野洋平外相答弁）からである。

**34**　Simon Chesterman, *Law, Standards or Voluntary Guidelines ?*（available at http://www.regjeringen.no/nb/dep/fin/kampanjer/investing-for-the-future/laws-standards-or-voluntary-guidelines.html?id=495027 ）

**35**　http://www.nzsuperfund.co.nz/index.asp?pageID=2145883153

**36**　同条のコメンタリーでは、国が外国会社の株式を保有することによって当該会社に参加する場合には自発的に当該国の法体系に服するとし、株主間の関係や株主と会社の関係は設立地、登記地、事業所在地又は事業中心地の法によって規律されるため、当該国の裁判所がこの自国法違反を適用するのに最適であると指摘する。*Yearbook of the International Law Commission 1991, Vol.2, Part Two*, p.49.

**37**　Michele Barbieri, Sovereign Wealth Funds and the Principle of State Immunity from Taxation. Which Implications for Economic Development ?,2010, pp.13-18.（available at http://vi.unctad.org/index.php?act=browse&by=browse-by-author&option=com_gslink&cl=2.2.4 ）

**38**　我が国の裁判所は既に実質的に SWF の裁判権免除について判断する機会があった。破綻したナウル金融公社の円建債権の元利不払をめぐる事件がそれであり、2002 年 3 月 29 日東京高裁判決では「当該外国国家の国内法における当該外国国家とは独立した法主体である法人については、たとえ、それが公法人であっても、当該外国国家と同等の主権免除原則を原則として有するものではない」旨、判示したことが注目される（同判決及び再審の 2003 年 7 月 31 日東京地裁判決では、債券の券面上において本件債券に関する訴訟に関しては東京地裁の裁判管轄権に服するとの文言を重視して、裁判権免除の放棄の意思が明示的に表明されたとして、裁判権免除を否定した）。

**39**　David Gaukrodger, *Foreign State Immunity and Foreign Government Controlled Investors*（OECD Working papers on International Investment 2010/2）, pp.30-31. なお、米国では、Internal Revenus Code Sec. 892 において、外国政府による passive investment からの収入については免税となっている。

**40**　*Yearbook of the International Law Commission 1984, Vol.2, Part Two*, pp.69-70.

**41**　*Yearbook of the International Law Commission 1986 Vol.2, Part Two*, p. 11.

**42**　*Yearbook of the International Law Commission 1991 Vol.2, Part Two*, pp. 35-36.

**43**　OECD, Discussion Draft on the Application of Tax Treatues to State-Owned Entities, Including Sovereign Wealth Funds（2010）, p.3. OECD では、モデル租税条約 4 条 1 項

の「締約国の居住者」の定義に SWF が含まれるかという文脈でこの主権免除の問題がとらえられている。

**44** ADIA, Proposed Changes to Commentary of the OECD Model Tax Convention（19 January 2010）http://www.oecd.org/dataoecd/4/37/44581129.pdf

**45** パリ・クラブによる国家債務問題の処理については、拙稿「国家債務問題と国際法」中川淳司・寺谷広司編『国際法学の地平（大沼保昭先生記念論文集）』（東信堂、2008 年）537-543 頁参照。

**46** 「民衆の富の簒奪」については、拙稿「国際法治主義の地平―現代国際関係における国家責任法理の『適用』―」『国際社会と法（岩波講座現代の法第 2 巻）』（岩波書店、1997 年）140-142 頁参照。

**47** Monitor Group, Assessing the Risks : The Behaviors of Sovereign Wealth Funds in the Global Economy（2008）, cited by Bart de Meester, International Legal Aspects of Sovereign Wealth Funds, *European Business Law Review*, vol.20（2009）, p.802 では、SWF の投資額の 62% がサービス（46% が金融、11% がエネルギー）分野に対してなされているとする

**48** Bart de Meester, *supra* note 47, pp. 801-811 , 及び、拙稿「政府系ファンド」『法学教室』2009 年 10 月号 3 頁参照。


## 本書刊行に際しての補足

**1** 初出は、「政府系ファンドと国際法」秋月弘子・中谷和弘・西海真樹編『人類の道しるべとしての国際法 横田洋三先生古稀記念論文集』（国際書院、2011 年）623-654 頁。

**2** 私自身は、その後、以下の論考を発表した。「年金 SWF と ESG 投資」公益財団法人年金シニアプラン総合研究機構 ESG 投資法的基盤研究会編『サステナブル投資の法的基盤と実践的課題』（2014 年）201-235 頁、Sovereign Wealth Funds : Problems of International Law between Possessing and Recipient States, *International Review of Law* (electronic journal of the Qatar University), Volume 2015 Issue 2 (Special Issue on Sovereign Wealth Funds, 2015), at http://www.qscience.com/doi/abs/10.5339/irl.2015.swf.7 ,「政府系ファンド、中央銀行、特定通貨に対する金融制裁」吉村祥子編著『国連の金融制裁』（東信堂、2018 年 8 月）34-48 頁。邦語文献では、伊藤一頼「国有企業・政府系ファンドに対する諸国の外資規制」（経済産業研究所ディスカッションペーパー、2015 年）、https://www.rieti.go.jp/jp/publications/summary/15110017.html が政府系ファンドに対する外資規制につき詳細に論じている。

**3** 政府系ファンドへの課税・免税に関しては、我が国の比較的最近の租税条約では主要な政府系ファンドを明記して利子につき免税している（例えば、シンガポールとの租税協定（平成 7 年条約第 8 号）11 条 4 項でシンガポール政府投資公社を、UAE との租税条約（平成 26 年条約第 18 号）11 条 4 項ではアブダビ投資庁を明記）。

**4** ノルウェーの Global の倫理評議会が行った投資排除に関する勧告の件数は、これまで 100 件（人権の重大な侵害につき 19 件、重大な環境損害につき 30 件、戦争・

紛争状況における個人の権利の重大な侵害につき 3 件、大規模な腐敗につき 10 件、その他の基本的な倫理規範の重大な違反が 8 件（うち 1 件は投資排除の撤回）、クラスター弾につき 10 件（うち 2 件は投資排除の撤回）、核兵器につき 12 件（うち 1 件は投資排除の撤回）、対人地雷につき 2 件（うち 1 件は投資排除の撤回）、タバコ製造につき 4 件、特定国に武器・軍事装備品を供給する企業につき 2 件（うち 1 件は投資排除の撤回））である。https://etikkradet.no/recommendations/ 今日では GPIF も ESG 投資を導入するに至っているが、一歩すすめて Global のように国際法違反に加担している企業への投資排除まで行うかどうかは、将来の重要課題であろう。

**5** 政府系ファンドの現資産保有額は、Sovereign Wealth Fund Institute によると、① Norway Government Pension Fund Global（1 兆 728 億ドル）、② China Investment Corporation（9414 億ドル）、③ Abu Dhabi Investment Authority（6966 億ドル）、④ Kuwait Investment Authority（5920 億ドル）、⑤ Hong Kong Monetary Authority Investment Portfolio（5093 億ドル）の順となっている。GPIF は資産保有額が 1 兆 3654 億ドルであるが、Public Pension に分類されている。https://www.swfinstitute.org/fund-rankings/

# 3. 途上国債務と国際法

## 1. はじめに

　本稿においては、途上国債務問題について国際法の観点から検討する。途上
国累積債務問題をはじめとする国家債務問題は、現代国際関係において深刻な
問題であり続けているが、それは専ら国際経済学の課題であると認識され、国
際法の観点からは看過されてきたと言わざるを得ない。国家債務をめぐる問題
は、貸手(国家、国際機関、企業)および貸付条件の多様性もあいまって極めて複
雑である。

　本稿では、国家債務をめぐる様々な論点のうち、次の3つの国際法上の課題
を明確化することのみを目指す(なお、検討の対象は、基本的には、ある国家が外
国国家から負う債務に限定する)。第1に、ある国家が外国国家から負った債務の
元利支払が不可能となった場合一般において適用可能と考えられる国際法ルー
ルについて検討する[1]。第2に、個々の国家債務問題を実質的に解決する決定
を行なってきたパリ・クラブの組織と作用について検討する。第3に、国家債
務承継に関する残された課題である odious debt(憎忌債務)問題について検討す

る。

　国家債務に関して国際法上、ほぼ唯一関心を持たれてきた主題は、国家承継の際の債務承継をめぐる問題であった。国家という法主体の変動を伴う深刻な状況ゆえ国際法学の関心を集めたこと自体は理解できるものの、そのような変動を伴わない通常の状況における国家債務問題が看過されてきたことを考えると、関心の偏在があったことは指摘せざるを得ない。さらに、1983 年に採択された「国家の財産、公文書及び債務についての国家承継に関するウィーン条約」（未発効）は、第 38 条において先行国の国家債務は新独立国には（両国間の別段の合意がない限り）移転しないとして clean slate doctrine を採用するなど注目すべき規定を含むものであったが、条約において最も力を入れて規定した事態である「脱植民地化による新独立国の登場」は条約採択時にはほぼ完了しており、その意味で時宜を失した国際立法であったことに加えて、旧ソ連の解体、旧ユーゴスラビアの崩壊、東西ドイツの統一といった新しい現実を規律することがおよそできないものであった。そもそも、1 つの国家が 5 乃至 15 に分裂したり、征服ではなく平和的吸収合併がなされたりする事態を、この条約および「条約の国家承継に関するウィーン条約」においては、国家承継のタイプとして予定していなかったのである。国家債務問題に関しては、旧ソ連の解体においては、紆余曲折があったものの、結局は、「ソ連邦は法的には消滅せずロシア連邦となった」という人工的な扱いをすることによって、ロシアが旧ソ連の資産および債務を基本的には（黒海艦隊の帰属等の問題を除き）包括承継することとした。旧ユーゴスラビアの解体においては、旧ユーゴスラビアが連邦として負っていた債務（約 37 億 9,000 万ドル）については、国際通貨基金（IMF）が決定した債務割当（ボスニア・ヘルツェゴビナ 13.2％、クロアチア 28.49％、マケドニア 5.4％、新ユーゴスラビア（セルビア・モンテネグロ）36.52％、スロベニア 16.39％）を新独立国各国が受け入れ、基本的にこの債務割合に基づいてパリ・クラブやロンドン・クラブといった公私の諸債権者と新独立各国との合意がなされた。ここで注目すべきことは、各承継国は clean slate doctrine を採用して非承継を主張することはなかったということである。その主たる理由は、IMF や世界銀行といった

主要な国際金融機関でのメンバーシップを獲得するため、また、公私の債権者との関係を良好なものとすることが結果として債務救済を受けやすくなると判断したためである[2]。

## 2. 国家債務不履行への対処に関連する国際法ルール

　国家債務をめぐる法律問題は古くから重要な問題として存在していたが[3]、現代に至る国際法ルールとの関係でまず大きく注目されるのは、1907年の「契約上ノ債務回収ノ為ニスル兵力使用ノ制限ニ関スル条約」（ドラゴ・ポーター条約）である。もっとも留意すべきは、同条約において禁止されたのは、自国の債権者が他国に対して有する債権の回収のための兵力の使用であって（第1条第1文）、国家自体が他国に対して有する債権の回収のための兵力の使用については、本条約の射程範囲外であったということである[4]。また、第1条第2文においては、債務国が、①仲裁裁判の申出を拒絶する、②仲裁裁判の申出に対して無回答である、③仲裁契約の作成を不能とする、④仲裁判決を遵守しない、の各場合においては、第1文の適用はないと規定し、兵力使用規制の限界を明示した。現代国際法上は、国家自体が他国に対して有する債権の回収のための兵力の使用も含めて、国家債務回収のための兵力の使用が、国連憲章第2条4項に違反するものとして禁止され、第2文の①〜④に該当する場合であっても兵力の使用は禁止される。本条約は、次の2点において現代国際法上、注目に値する。第1は、本条約が武力行使を規制する国際法規の端緒をなすものであって、まずは国家債務という分野でこのルールの発展が見られたということである[5]。第2は、平和的解決手段の前置を一般的に義務づけるとともに、断固たる拒否（*non volumes*）や不能の申立（*non possumus*）に該当する場合には当該平和的手段は尽くされたとする第1条第2文の趣旨は、「交渉と裁判付託との関連」および「平和的解決手段と対抗措置の関連」という現代的課題について重要な示唆を与える規定でもあるということである[6]。

　一国が他国に対して負う国家債務は、合意に基づいて資金の貸付（贈与ではな

く）がなされている以上、*pacta sunt servanda* に従って元本および利子の返済がなされなければならないのが原則である。国際法上の一般的な問題としては、第1に、元利の返済を延期したり、支払額を減殺したり、支払が免除されることが認められる場合があるかという実体的な問題がある。この問題については、条約法および国家責任法の観点からの検討が必要となる。第2に、債権国には（再）交渉および債務再編（debt restructuring）の義務があるかという手続的な問題がある。そして、これらの前提問題として、国家間の貸付合意は、国際法によって規律される条約か国内法によって規律される私的契約かという問題がある（国際法上の問題としては、その他、債権国または第三国の国内裁判所での債権回収の場合に勘案しなければならない裁判権免除および執行免除の問題があるが、省略する）。

　まず、この前提問題については、国家間の貸付合意には準拠法条項は通常はおかれていないため問題となるが、Leyendecker は、常設国際司法裁判所（PCIJ）が「セルビア国債事件」判決（1929 年）において、「国際法主体として国家間において締結されたのではないすべての契約は、国内法に基礎を有する」と判示したことに鑑みて、逆に、二国家間での合意であれば国際法準拠が推定されると解する[7]。もっとも、現実には、二国間合意では単に総額と借款目的のみを規定して、個々のプロジェクトについては貸付国の公的・私的金融機関が借入国側と貸付協定を締結し、その際、協定中で貸付国の国内法を準拠法として指定する、という方式をとることもある。また実際の借入の当事者が国家ではなく私人である場合には、借入当事者の本国が保証することを契約締結の条件とするのが通例である。これらの場合においては、個々の貸付自体の準拠法は国内法となり、国際法によって直接に貸付が規律される訳ではない[8]。しかしこれらの場合であっても、貸付国－借入国間に上記のような大筋の合意（それは書面に限られず、口頭の合意でもよい）がある以上、元利不払を正当化する事由があるかどうかの問題は、最終的には条約法および国家責任法の対象として検討することが合理的であろう。ここでは以下、このような二国間の大筋の合意を対象として検討する。

　次に、第1の元利の返済を延期したり、支払額を減殺したり、支払が免除さ

れることが認められる場合があるかという実体的な問題について。条約法の観点については、まずは一国と他国の資金貸付に関する合意が条約となるとは限らず私法上の契約として合意される場合もあるが、条約法によって規律される前者に関しては、不払を正当化しうる主要な事由としては、事情変更（条約法条約第 62 条）および履行不能（同第 61 条）が想定できる。事情変更や履行不能の事態においては元利不払が認められる旨の規定が貸付協定中におかれる場合もあるが、ここでの問題はたとえ当該協定中にそのような規定がなくても、元利不払が認められる場合があるかということである。

　もっとも、Bothe および Brink は、事情変更に関しては、経済状況の変化は、債権国・債務国のそれのみならず世界の経済状況の変化も含めて、当事国が当初から勘案しておかなければならないことであって、経済状況の変化ゆえの不払は国内法理由に基づく抗弁にすぎず国際法上、対抗力を有しない（同 27 条）旨、指摘し、また、変動金利につき規定する契約または外貨での支払を規定する契約においては、当該金利や為替レートの変動があっても事情変更による不履行は認められない旨、指摘する。さらに、Bothe らは、履行不能についても、金銭債務の場合には条約法条約第 61 条 1 項にいう「絶対的で客観的な不可能」の要件は満たされない旨、指摘する[9]。

　他方、国家責任法の観点から債務不履行が正当化される場合はあるかという問題は、違法性阻却事由に該当する場合があるかという問題として把握されてきた。

　1902 年のフランス・ベネズエラ混合仲裁委員会決定では、被告政府（ベネズエラ）の債務支払不能の主張を認めた。即ち、「被告は、1899 年に存在した事態－ビジネスの失敗、通商の麻痺、農産物の全滅、そこから生じた枯渇と麻痺、正当な債務の支払不能、他所での企業による資金獲得の不能－に対して責任を問われ得ない。これらはすべて、政府、ビジネスおよび人間の生活にとって偶発的な不運である。それらは、損害賠償請求を生じさせない[10]」と判示したのであった。

　また、1912 年の常設仲裁裁判所「ロシア・トルコ債務事件」判決では、一般

論として、「不可抗力の抗弁は、私法同様、国際公法においても援用可能である。国際法は自らを政治的必要性に合致させなければならない。国家の存在自体が危機にさらされる場合、国際義務の遵守が自己破壊的 (self–destructive) となる場合には、条約を履行すべき国家の義務は弱められることは、帝政ロシア政府自身が明示的に認めている」と指摘した点が注目される。但し、トルコの債務支払不能の抗弁自体については、600万フランという比較的少額の債務支払がオスマン・トルコの存在を危機にさらすとは言いがたいとして、認めなかった[11]。

国連国際法委員会「国家責任条文案(第1部)コメンタリー」においては、国家債務の不払は、不可抗力・偶発事態(当時の草案第31条)および緊急状態(同第33条)として違法性が阻却される場合がある例の1つとして挙げられている[12]。

また、同条文案の最終特別報告者 Crawford がまとめた解説書においては、不可抗力(条文第23条)に関して、「『ロシア・トルコ債務事件』においては、不可抗力の原則自体は認められたが、不可抗力の抗弁は債務の支払が物理的に不可能ではないとの理由で認められなかった。不可抗力は、常設国際司法裁判所「セルビア公債事件」および「ブラジル公債事件」において、法の一般原則として承認された(但し、当該事案では事実ゆえにその抗弁は認められなかった)」と指摘し、また緊急避難(同第25条)に関しては、「ロシア・トルコ債務事件」を挙げて、トルコは支払遅延を正当化するために自国が「極端に困難な経済的状況にある」ことを援用してこれを「不可抗力」だと表現したことにつき、これはむしろ「緊急状態」に該当するものだと指摘している[13]。

さらに、1988年の国際法協会(ILA)「国際通貨法に関するワルシャワ会議決議」においては、国家債務不履行問題に対処する国際法ルールに関して、次のような注目すべき指摘がなされている。①現在の債務状況における協力の一般的要請から、再交渉する義務が見出されるが、この義務が一般国際法の原則として存在するかどうかは明確ではない(第5パラグラフ)。②国際法上、債務者による対外債務の支払不能は、通常は緊急性のルールの下で考えられる。かつては、不可抗力や履行不能といった概念が適用されたが、これらは債務者が選

択の自由を有しない状況を想定しているため、現在の学説では債務問題はこれ
らは該当しないとする(第6パラグラフ)。③国際裁判所の判決および国連国際
法委員会の作業によると、国家は、緊急状態ゆえに債務の支払ができない場合
には、違法に行動しているわけではないと判断している(第8パラグラフ)。④
国連国際法委員会の国家責任条文草案第33条(当時)では、国家が重大かつ差
し迫った危険から不可欠な国家の利益を守るために他に手段を有しない場合に
は行為の違法性は阻却される(1項)と規定するが、国家は比肩するまたはより
重要な利益を犠牲にすることはできず、また事態の発生が当該国家自身によっ
て引き起こされてはならない(1項2文および2項)。このルールは、「不可欠な
国家の利益」の定義の問題を生じさせるが、国内平和の組織、対外安全保障の
準備、人民の福祉にとって不可欠なサービスの維持、環境の保護は「必要不可
欠な利益」に該当すると思われる(第9パラグラフ)。⑤緊急状態は、影響を受け
る義務を終了させる法的効果を通常は有しない。その法的効果は、緊急状態の
存続期間中の支払義務の停止に限定され、その後は義務は復活する。元来の義
務の不履行から生じた損失は、衡平な原則に従って当事者間で配分されなけれ
ばならない(第11パラグラフ)[14]。

　Reinischは、①不可抗力・偶発事態、②緊急状態・遭難を理由とする債務不
履行の正当化の可否について、次のように指摘する。まず、①については、金
利や対ドル交換レートの上昇といった要素は、債務国にとって全く予見できな
い出来事とは言えない反面、自然災害や武力紛争のような出来事であって当該
国がその発生に寄与していないのであれば、究極の場合には「物理的不可能」
に至る不可抗力事由となりうるとする。次に、②については、緊急状態によっ
て債務を消滅させた先例は想定しがたいこと、上記のILA決議11パラグラフ
のように、緊急状態により一時的に支払中止(モラトリアム)が認められるが緊
急状態の終了後には支払債務は復活すると考えられること、一方的行為や訴訟
によってではなく、パリ・クラブやロンドン・クラブの枠組の下で交渉によっ
て問題を解決しようとする傾向が顕著であることを指摘する[15]。

　次に、第2の債権国には(再)交渉および債務再編(debt restructuring)の義務が

あるかという手続的な問題については、Bothe らは交渉義務は曖昧な形ではあるが、国連憲章第2条3項、第33条、第55条、第56条および友好関係宣言に示されているとし、さらに国際司法裁判所 (ICJ)「北海大陸棚」事件判決 (1969年) において、「当事者は、合意がない場合に一定の境界画定の方法を自動的に適用するための一種の事前要件として形式的な交渉のプロセスを単に経る義務を負うにとどまらず、合意に達する目的で交渉に入る義務を負う。つまり、当事者は交渉が意味あるよう行動する義務を負う[16]」と判示したことを重視する[17]。これに対して Reinisch は、事前の権利義務が存在していない境界画定の場合と違って、貸付協定等において事前に権利義務が固定されている当事者に交渉義務を課すことができるかどうか疑問であるとし、国際協定を再交渉する義務を課すことは紛争の場合の単なる交渉義務を超えるものであって、*pacta sunt servanda* 原則に抵触するおそれがあると指摘する[18]。また、常設国際司法裁判所が「ベルギー商事会社事件」判決 (1939年) において「裁判所は、ギリシャ政府が拘束的と認めている仲裁判決の執行に関する友好的取極を目的として、ベルギー政府 (債権者の本国) にギリシャ政府 (債務者) と交渉に入る義務を課すことはできない。この種の交渉は関係当事者の意思に完全に依存する[19]」と判示したことを指摘する。もっとも、Reinisch は 1980 年代初めから国家債務再編が頻繁に行われるようになってきた現象をとらえて、再交渉の義務が発展もしくは生成しているが、この義務は誠実交渉義務という「本質的に手続上の義務」であって、「特定の結果に関する義務」ではないとする[20]。

　以上に加えて、債権国の「責任」という指摘が債務国側から時に主張されることがある。たとえば、ラテン・アメリカ諸国間で 1984 年に合意された「対外債務および経済発展に関するカルタヘナ・コミュニケ」7 項では、「ラテン・アメリカの債務問題は、流動性、金利、多数国間信用機構の参加、経済成長見通しといった諸条件のドラスティックな変更によるものであり、これらの変更は、先進工業国において発生したものであってラテン・アメリカ諸国のコントロールをこえたものであるから、債権者と債務者は共同責任を負う」する[21]。もっとも、債権国の行為と債務支払不能との間には相当因果関係を欠くため、この

ような主張は先進諸国の貸手としての道義的責任を追及する意義はあっても、国際法上は貫徹しがたいものであろう。

　条約法および国家責任法の観点からは以上のような分析が可能であるが、現実には、国家債務問題の処理に際しては、条約法および国家責任法の厳格な適用に基づく処理（「狭義の法的な処理」）がなされている訳ではない。このような現象は国家債務問題に限定されるわけでなく、特に国家責任法に関しては、現実の問題の処理における同法理の適用はそもそも限定的であるが[22]、国家債務問題に際しては、さらに 3. で見るようにパリ・クラブというスキームが確立しており、「狭義の法的な処理」ではなく、実際的な処理（「広義の法的な処理」）がなされてきた。

　また、裁判例においても、このような傾向に合致する判断が、1998 年 6 月 26 日の「イタリア・コスタリカ借款事件」仲裁判決[23]において示されている点が注目される。同事件は、イタリアからコスタリカに対してなされた開発融資の資金（約 1,300 万ドル）が、コスタリカの運営企業の破産により返済不能となったことから生じた事件である。判決では、コスタリカがイタリアに対して開発融資の返済をする義務があるとしたが、注目に値するのは、衡平原則（principles équitables）を次のように適用して判示したことである。即ち、「国際法は、伝統的に、規則に内在する適用態様としての衡平原則によって影響を受け、それは規範を特定の事案に具体的に対応させるものとして作用してきた。」そして、衡平と善（*ex aequo et bono*）と衡平（equity）との区別を指摘した上で、「この衡平という性格ゆえ、裁判所は、支払期日、償還、遅延利息に関する融資協定の『技術的』条項のみを勘案するにとどまらず、支払遅延の原因、コスタリカ側に生じた誤解や疑念、イタリア側と締結した複数の合意の効果および範囲、一般的な両国の具体的状況および行動、そして両国の友好・協力関係全般といった当該事案の状況全般を勘案することが求められる」とする。そして、衡平原則（判決では「正義の概念から生じ、国際司法・仲裁裁判の実行を支配している」と指摘する）の考慮の結果として、具体的には、「(a)コスタリカが、融資協定および附属書において規定された償還、支払期日、通常利息および猶予利息に合意したという事実、

および、(b)コスタリカ側が約 900 万ドルしか資産を持ち得ないという事実」の双方を勘案すべきであるとした上で、判決では、機械的に総額 2,200 万ドルの支払を要求することは上記の趣旨に反するとして、元利を含む包括的な総額として返済額 (1,500 万ドル) を明示し、開発協力協定の一般的な文脈と精神に照らして、また両国間の伝統的な友好の絆を勘案して、両国間で直接に決定される方法によって支払われるべき旨、判示した[24]。

　このように、現実においては、「狭義の法的な処理」がなされている訳ではないが、そのことは本節でみたような条約法および国家責任法の検討が有意義ではないことを意味するものではない。これらの検討は、債務返済猶予の主張の正当性・不当性の判断根拠をなすものであり、たとえ明示されないとしても債務再編処理に際しての「背骨」をなすものであると言ってよい。但し、このような狭義の処理にとどまることなく、総合的な判断が国家債務問題の処理には必要かつ有益なのであり、現実には大部分の事案において条約法や国家責任法を云々することなく問題は処理されてきたのである。裏から言えば、条約法や国家責任法の一般的ルールを字面通りにフォローして満足するだけでは、国家債務問題を含む国際関係の諸課題は真には理解できないのである[25]。

## 3. パリ・クラブによる国家債務問題の処理—その国際法上の特徴—

　国家債務問題の実際の処理の大半は、パリ・クラブ (Paris Club, Club de Paris) という先進債権国会合においてリスケジューリング (債務再編) を行なうという形でなされてきた[26]。パリ・クラブは、1956 年にアルゼンチンがパリにおいて債権諸国と会合したことを端緒とするものであり、2007 年末までに 85 の債務国に関して合計 404 の合意に達してきた (関連する債務の総額は 5,060 億ドル)。パリ・クラブのメンバーは 19 か国 (オーストリア、オーストラリア、ベルギー、カナダ、デンマーク、フィンランド、フランス、ドイツ、アイルランド、イタリア、日本、オランダ、ノルウェー、ロシア、スペイン、スウェーデン、スイス、英国、米国) であり、このうちロシアは債務国としてパリ・クラブと合意したこともある。この

他、*ad hoc* の債権国として、パリ・クラブの合意に参加した者には、アブダビ、南アフリカ、アルゼンチン、ブラジル、韓国、イスラエル、クウェート、メキシコ、モロッコ、ニュージーランド、ポルトガル、トリニダート・トバゴ、トルコがある。パリ・クラブの事務はフランス経済財政産業省が引き受け、議長は同省の国庫・経済政策総局長が務めてきた。

　パリ・クラブは、国際組織ではなく（憲章のような基本文書も独自の法人格もない）、国際会議体である。パリ・クラブ加盟諸国が債務国と合意する合意議事録（パリ・クラブにとって最も重要な成果物である）は、後述するように法的拘束力を有しないのである。パリ・クラブが対象とする債務は、「債権国の公的債権かつ債務国の公的債務」である債務に限定される。つまり、債権者側の要件としては、債権国政府自身または政府の監督下にある公的機関の債権であること、債務者側の要件としては、債務国政府自身の債務（政府保証を付した債務を含む）および債権国政府が 50％以上の株式保有をしている公的企業の債務である[27]。

　パリ・クラブの「リスケジューリング会合」において、債権諸国代表および債務国代表が署名する[28] 合意議事録（Agreed Minutes; Procès–verbal）は、英語および仏語で作成され、等しく正文となる。合意議事録の原文は通常は公表されないが、TIAS 10475（「債務の再編および繰延に関する米国・セネガル間の 1982年 8 月 26 日の協定」）には、Annex D としてパリ・クラブの 1981 年 10 月 13 日の「セネガル共和国に関する債務の再編に関する合意議事録（Agreed Minutes on the Consolidation of the Debt of the Republic of Senegal; Procès–verbal agréé relatif à la consolidation de la dette de la République du Sénégal)」が掲載されている[29]。

　同合意議事録は、Ⅰ. 前文（Preamble, Préamble）、Ⅱ. 条件に関する勧告（Recommendations on Terms, Recommandations relatives aux termes du réaménagement）、Ⅲ. 一般的勧告（General Recommendations, Recommandations générales）、Ⅳ. 実施（Implementation, Mise en oeuvre）からなる。

　「Ⅰ. 前文」では、債務再編に至る経緯が記述されている。

　「Ⅱ. 条件に関する勧告」では、「セネガル政府が直面した重大な経済的困難に留意して、参加した債権国の代表は、自国政府又は適当な機関に対して、繰

延または再貸付により次の条件で債務救済をするよう勧告することに合意する」として、1. 該当債務、2. 再編の条件、3. 金利の各事項について規定する。合意議事録の中心をなす部分である 2. 再編の条件については、次のように規定する。

「債務救済は次の通り適用される（The debt relief will apply as follows; L'allège-ment de la dette s'apppliquera sur les basses ci–dessous）。

a. 1 でいう借款および貸付のうち未払である 1981 年 7 月 1 日から 1982 年 6 月 30 日までの元利の総額の 85％については、繰延または再貸付がなされる（will be rescheduled or refinanced; seront rééchelonnés ou refinancés）。

b. 該当額のセネガル政府による返済は、10 回の半年毎の均等連続払でなされる（repayment……will be made; le remboursement sera effectué）。第 1 回の返済は 1986 年 6 月 30 日（猶予期間の最終日）になされ、最後の返済は 1990 年 12 月 31 日（返済期間の最終日）になされる。

c. 元利の残余の 15％は、次のリスケジューリングに従って支払われる（will be paid; le paiement……sera effectué）。1983 年 6 月 30 日に 5％、1984 年 6 月 30 日に 5％、1985 年 6 月 30 日に 5％。」

「III. 一般的勧告」は、次のように規定する。

「1. 公的および私的な対外債権者の均等な待遇（comparable treatment; un traitment comapable）を確保するため、セネガル政府代表は、同時期に期限が来る債務につき、本議定書において規定された条件と同様の条件で、私的な対外債権者（銀行を含む）から繰延、貸付、再貸付の取極を獲得すること、異なるカテゴリーの債権者間での不平等を避けるよう確保することに努める（will seek; s'engage）と述べた。

2. セネガル政府は、参加国の各々に対して、同様の条件の債務の再編についていかなる債権国に対して付与する条件よりも不利ではない条件

を付与する（will accord; accordera）。

3．セネガル政府は、同様の条件の債務にかかわる他のすべての債権国と、再編または再貸付の取極の交渉を迅速に行う。

4．〜8．（省略）」

「Ⅳ．実施」は、次のように規定する。

「債務の繰延または再貸付のための詳細な取極は、次の諸原則に基づいて、各参加国政府によってセネガル政府と締結される二国間協定によって決定される（will be determined; seront fixées）。

1．各参加債権国政府は、現存する再編期間中の支払スケジュールの下で支払われるべき債務につき同時に上記の支払割合に対して、セネガル政府の自由となる新基金を設置することによって債務の再貸付をする、または、相当する支払を繰延する（will refinance…… or reschedule; soit refinencera … soit rééchelonnera）。

2．債務の繰延または再貸付に関する他のすべての事項は、セネガル政府および参加債権国政府が遅滞なくそして出来る限り1982年2月末までに締結するよう努める二国間協定において規定される（will be set force; seront fixés）。

3．〜5．（略）」

なお、最近のある別の合意議事録では、「Ⅰ．A．前文、B．定義、Ⅱ．待遇条件に関する勧告（1.該当債務、2.待遇条件、3.債務スワップ）、Ⅲ．一般的勧告、Ⅳ．実施」という構成となっている。

「Ⅱ．待遇条件に関する勧告」の「2.待遇条件」では、「是々の債務の元本の△％がキャンセルされる（will be cancelled; seront annulés）」という表現が見られる。

「Ⅳ．実施」の基本パターンは、次の通りである。「債務の削減と再編のための詳細な取極は、以下の原則に基づいて、参加債権国またはその適当な機

関によってX国（債務国）と締結される二国間協定によって完成される（will be accomplished）」。なお、仏文では、「債務の削減と再編の態様は、……二国間条約によって定められる（seront fixées）」となっている。「以下の原則」に関しては、単に二国間協定を遅くとも締結すべき日が明示されるにとどまることもあれば、他の諸事項が示されることもある。

　パリ・クラブの合意議事録には法的拘束力はない。拘束力を有するのは、その後に合意議事録の内容に沿って債権国各国と債務国との間で締結される二国間取極である[30]。

　なお、国際司法裁判所「カタール・バーレーン海洋境界画定事件」判決（1994年）においては、両国間での合意議事録について、用いられる文言や起草過程に照らして、当事国に権利義務を創出する国際合意であると判示した[31]が、当事国の意思によって非拘束的な合意を選択することは可能であり、合意文書の名称は拘束性の有無とは関係がない。

　また、合意議事録と二国間取極という二段階の合意とすることについては、債権国の国内金融市場の状況が異なるため統一金利を設定することが困難であり、また、返済等につき債権国が有する手段の詳細についても共通の文書において確定的ルールを定めることは困難である[32]ため、細目を二国間取極において規定する実際上の意味は大きいと言える。

　合意議事録を非拘束的なものとする背景には次のような事情もある。もし合意議事録が拘束的なものであれば、債権国の議会での批准承認の対象となって合意が遅延するおそれが生じるが、非拘束的なものとすることによりこのような問題は回避できる。それゆえ、何よりも迅速な対応が求められる国際金融分野においては、このようなメリットは大きいといえる[33]。

　非拘束的合意といっても債権国は合意された内容に従う意思は十分にある。合意議事録の内容を二国間合意にすることが困難な場合には、合意議事録の採択に反対することもまた、合意された内容には従う意思があることを裏から示すとさえ言えるかもしれない[34]。

　パリ・クラブの基本原則は、次の5つからなる。①ケース・バイ・ケース・

アプローチ、②コンセンサス、③コンディショナリティ、④連帯 (solidarity)、⑤待遇の同等性 (comparability of treatment) である。①は、事案毎に適した決定を行なう、②は、債権諸国のコンセンサスという意思決定方式を採用するというものである。③は、国際通貨基金の構造調整プログラムをパリ・クラブのリスケジューリングの必要条件とすることが合理的でありかつ納税者の利益確保にもかなうとするものである[35]。④は、債権諸国がパリ・クラブで合意された条件を履行することに同意する、⑤は、パリ・クラブ債権諸国と債務国のリスケジューリング合意において、債務国が、非パリ・クラブ債権者とはパリ・クラブと同程度の条件でしかリスケジューリング合意はしないと約束し、非パリ・クラブ諸国がより有利な条件で返済を受けるという「抜け駆け」を防止するものである（上記のセネガルとの合意議事録では、「Ⅲ. 一般的勧告の 1.」がこれに該当する。なお、世界銀行や国際通貨基金などの国際金融機関には、優先弁済権があるとパリ・クラブは認めているが、最近の拡大 HIPCs イニシアティブ（後述）においては、国際金融機関も債権諸国とともに債務削減に協力している）。このことは、リスケジューリングによる資金が、非パリ・クラブ債権者への返済に使用されず所期の目的である債務国の対外支払能力の解決に使用されることを担保するものであり、債権諸国の納税者への説明責任を果たすという意味がある[36]。

　パリ・クラブにおける債権取扱に関しては、1 年未満の短期債権は除外する、リスケジューリング対象の債権の範囲を確定するためある特定日を設定し、この日以降に生じた債務はリスケジューリング対象から除外する（cutoff date 原則）といったルールがあり、またリスケジューリングにおいては、非 ODA 債権が ODA 債権よりも先に扱われることが通常である[37]。また、パリ・クラブにおいては、債務国の経済発展状況に応じた債務再編条件が設定されてきた。繰延ターム（債務削減は伴わず支払期間の延長を認める）と削減ターム（債務削減を認める）に大別され、前者には、クラシック・ターム（IMF プログラムを締結した債務国に対して、原則として 10 年の繰延を認める）とヒューストン・ターム（①1 人あたり GDP が 2,995 ドル以下、②債務 GDP 比率 50％以上／債務輸出比率 275％以上／輸出支払比率 30％以上の 3 要件のうちの 2 要件を満たす、③民間債務の 150％以上の公的債務

を有する、という①②③の 3 要件のうち少なくとも 2 要件を満たす債務国に対して、原則として ODA は 20 年、非 ODA は 15 年の繰延を認める。1990 年導入）があり、後者には、ナポリ・ターム（債務比率が高いこと、国際開発協会（IDA）からのみの融資が可能な国家であること、1 人あたり GDP が 755 ドル以下であることを基準として決定された債務国に対して、ODA は 40 年繰延、非 ODA は 67％の削減を行なう、1994 年導入）とケルン・ターム（重債務貧困国（HIPCs、大半はサブ・サハラ・アフリカ諸国）とされた 41 か国を対象として、非 ODA 債権について 90％以上の債務削減を行ない、ODA 債権については任意に 100％の債務削減を行なう）がある [38]。

重債務貧困国の負う国家債務については、サミットでの合意に基づき、先進債権諸国によって債務放棄がなされるようになってきている。即ち、1996 年のリヨン・サミットでは、80％の債務削減を、1999 年のケルン・サミットでは、90％以上の債務削減が合意された。「（拡大）HIPCs イニシアティブ」と呼ばれるものである [39]。

重債務貧困国以外の問題としては、公的債権と非公的債権の調整問題（パリ・クラブとロンドン・クラブの調整問題でもあり、また公的債務も国内裁判所による債務再編の対象にすべきか—国際通貨基金による主権的債務再編メカニズム（SDRM）提案はそれに対応するものであった—否かという政策問題でもある）、アラブ諸国など非パリ・クラブ諸国による債権の相対的増大への対応問題などがあるが、本稿では検討する暇がない。なお、2003 年 10 月 8 日、パリ・クラブは、重債務貧困国以外の債務国に対しては、既存のタームを機会的に適用するのではなく、状況に応じた tailored response を採用するというエヴィアン・アプローチにつき合意している [40]。

パリ・クラブにおける近年の特筆事項としては、後述するイラク債務問題の処理の他、2005 年にはロシアがパリ・クラブ諸国に負う債務約 400 億ドルのうち 150 億ドルを前倒しにして支払ったこと、2004 年 12 月末のインド洋大津波の被害諸国に対して債務償還支期間の 5 年延長（1 年の猶予期間を含む）を認めると 2005 年 3 月に決定したことなどが挙げられる。

## 4．odious debt と国際法

　承継政府は、先行政府が負った債務の性質を理由として、債務の承継を拒絶できる場合はあるのか。「国家としての同一性が保持される以上、体制の変更によって新政府が樹立された場合でも新政府は旧政府の負った債務を承継する」という原則に対する例外はあるのだろうか。

　この点に関連して、odious debt; dette odieuse（憎忌債務）という概念を最初に示したのが Sack であった。Sack は次のように述べる[41]。「専制的な権力者が、専制体制を強化したり当該体制と闘う人民を抑圧したりするために、国家の必要性または利益に全く合致しない債務を負う場合には、この債務は国家全体の人民に対して憎忌すべき（odieuse）ものである。この債務は、当該国家に対して義務的ではない。それは、当該体制の債務であり、それを契約した権力者の個人的な債務であり、それゆえこの権力の瓦解とともに滅びるものである。この dette odieuse が国家の領域に重い負担をかけるものとして考えられないとする理由は、この債務が国家債務の適法性を決定する要件の1つ、即ち国家債務は当該国家の必要性と利益のために契約され、また債務によって得られた資金はそのために利用されなければならないという要件を満たさないからである。国家の利益に反する目的のために契約され利用され、債権者がそれを了知している dettes odieuses は、契約をした政府が葬り去られた際には、当該国家がこの債務によって得た真の利得の範囲を除いて、当該国家を拘束しない。債権者は人民に対して敵対的行為を犯したのである。それゆえ債権者は、専制的な権力者から解放された国家が、dettes odieuses—それはこの権力者の個人的債務である—を負うと期待することはできない。」

　さらに Sack は、国家の利益とは無関係の明白に個人的な利益のための債務もまた、このカテゴリーに属する債務であると指摘する[42]。奢侈品購入のための債務がその典型であろう。

　Sack がこのような考え方を示した時点（1927 年）以前の注目すべき国家実行と

して、1989 年の米西戦争後のキューバの米国への割譲に伴う承継問題がある。この問題の交渉において、米国はキューバにおけるスペインの債務を承継することを拒否したが、その理由として、米国は次のように述べた。「スペインが発行したこれらの国債は、スペインにおいては、他の多様な未清算の債務とともに、キューバの独立を武器によって阻止するためにスペインが負った『キューバ債務』の一部をなすと理解されている。いかなる観点からも、上記の債務は、キューバの地方的債務 (local debts) またはキューバの利益のためになされた債務であると考えることはできない。それは、いかなる意味においてもこの島が専ら責任を負う債務ではない。それは、スペイン政府によって、政府自身の目的のため、政府の代理人を通じて創出された債務であり、その創出にキューバは何ら関与していない [43]。」米国は明確には odious debt であるとは述べなかったものの、その趣旨は odious debt の考え方と軌を一にするものといえよう。

　また、1923 年の Tinoco 事件仲裁判決は、一般には「一国内での政府の変更の場合には、国家の同一性は保持されているため、新政府は旧政府の負った国家債務を承継しなければならない」という「政府承継の場合における債務の承継」を確認した判決と理解されている。但し、同判決においては、odious debt に言及しているとの解釈が可能な次のような指摘もあることが注目される。即ち、「Royal Bank の事案は、単なる取引の形式のみならず、金銭の支払の際に Tinoco 体制の下でのコスタリカ政府の真の利用に銀行が善意であったかどうかに依存する。銀行は、コスタリカ政府に対して正当な使用のため金銭を供与したことを弁明しなければならない。銀行は、この金銭が Tinoco 大統領によって彼が外国に亡命した後に彼の個人的支援のために用いられるであろうことを知っていた。銀行は、この目的のために Tinoco に支払われた金銭につきコスタリカ政府を拘束させることはできなかった [44]。」

　国連国際法委員会「条約以外の問題に関する国家承継」に関する第 9 報告書 (1977 年) において、特別報告者 Bedjaoui は、odious debt に関して相当詳細な検討を行なっている [45]。Bedjaoui の示した条文案は、次の通りである。

「第C条　odious debts の定義

本条文において、odious debt とは、次のものを言う。

(a)　承継国または移転された領域の主要な利益に反する目的を達成する
ために先行国によって契約されたすべての債務

(b)　国際法、とりわけ国連憲章において示された国際法の諸原則、に合致
しない目的を持って、またそのような目的のために、先行国によって
契約された債務

第D条　odious debt の非移転性

[国家結合の場合を除いて、]先行国によって契約された odious debt は承継
国に移転されない。」


第C条と同一の文言は、条文案第 31 条として 1981 年に提示された [46] が、
結局、「国家の財産、公文書及び債務についての国家承継に関するウィーン条約」
の採択にあたっては同条は取り入れられず、odious debt の考え方は同条約には
含まれなかった。

odious debt に多少とも関連する比較的最近の国際・国内判例としては、次の
ようなものがある。

### [1] イラン・米国請求権裁判所 United States v. Iran, Case B 36 判決（1996 年 12 月 3 日）[47]

イランの旧政府が米国と締結した武器購入契約に基づく金銭支払を米国が
請求した本件において、イランは、1948 年の契約を odious debt であるから無
効であるとし、具体的には、この契約は、①米国によって強制されたものであ
る、②前体制に従属する債務（subjugation debt）である、③イラン・イスラム共和
国に移転されない債務である（契約に基づく債務は前体制の個人的債務であるから、
「odious debt 非移転の原則」を類推することによって移転されない）と主張した。判決
では、イランの主張を否認した。判決では、①につき、契約はイランに対して
強制されたものではなく、イランの要請に基づいて締結されたとした。②につ
き、契約に基づく武器供給はイランの防衛目的に資したとし、武器供給期間内
に内戦も革命もなく、内戦や革命を抑圧する目的のために債務を負ったとする

76

証拠はないゆえ、subjugation debt とは言えないとした。特に、契約と 1979 年のイスラム革命に至るイラン国内の危機との間に関連はないとした。また、契約は国際法上理解される odious debt の概念には分類され得ないとした。イランの正当な利益に反する目的の達成のために契約されたものではないし、国際法に合致しない目的のために契約されたものでもないとした。③につき、国際法上の odious debt 概念をめぐる議論には特定のスタンスをとらないとした上で、イランにおける革命による体制の変更は国家承継の問題ではないゆえ、国際法主体としては同一であり、新政府は国家の従前の権利義務を承継するとした。

### [2] イラン・米国請求権裁判所 INA Corporation v. Iran 判決（1985 年 8 月 12 日）Ameri 裁判官反対意見 [48]

同反対意見では、odious debt の考え方は金銭債務以外の義務にも適用されるとし、米国・イラン友好条約は odious debt に類似した、シャー体制の個人的なものであって、シャーとともに消え去り、それゆえ米国も米国民も何らかの利益を引き出すために同条約を援用することはできないという驚くべき判断を示している。

### [3] 米国国内裁判所 Russell Jackson et al., v. The People's Republic of China 判決（1982 年 9 月 1 日）[49]

1911 年に帝政中国（清国）政府が発行した鉄道債の元利不払について中華人民共和国政府に支払を求めた事案についての欠席裁判であったが、判決では、「一国家の政府または内部政策の変更は、原則として、国際法上のその地位に影響を与えない。君主制が共和制に移行したり、共和制が君主制に移行したり、絶対主義が立憲主義に取って代ったり、その逆がなされたりすることがあろう。しかし、たとえ政府が変更しても、国家はそのままであり、権利義務は損なわれない」との 1927 年 8 月 8 日の Lehigh Valley R.Co. v. State of Russia 判決 [50] を引用して、「中華人民共和国は帝政中国政府の承継政府であり、それゆえ、その義務の承継者である」と判示した。

odious debt に関する最近の研究において注目されるのは、次の諸点である。

まず、定義に関して Jeff King らによる研究[51]では、odious debt の定義として、①当該国の人民の利益に反して債務合意がなされたものであること、②当該国の人民の同意なしに債務合意がなされたものであること、③債権者が①②を了知して債務合意をしたものであることの3要件を挙げる。これは、Sack が示した2つの要件（当該国の人民の利益に反して債務合意がなされたものであること、債権者がそのことを了知して債務合意をしたものであること）に加えて、当該国の人民の同意なしに債務合意がなされたものであることを挙げているのが特徴的である。

立証責任との関連では、Frankenburg らは、恣意的な運用を避けるために、債務が odious であることを主張する承継国は、①当該債務が人民の利益と合致しないこと、および、②債権者は契約締結時点においてこの事実を知っていたことの2点を立証しなければならないとする。この2点が立証された場合には、今度は債権者が、資金は債務国の公共の利益のために用いられたことを反証する責任を負わなければならない旨、指摘する[52]。

私法との関連では、Paulus が、次の3つの注目すべき指摘をしている。第1は、odious debt 問題の解決につき、私法統一国際協会（UNIDROIT）国際商事契約原則第3.10条(1)において、「契約または個別の条項が、契約締結時に、相手方に過剰な利益を不当に与えるものであったときは、当事者はその契約または条項を取り消すことができる。その際、他の要素とともに次の各号に定める要素が考慮されなければならない。(a)その当事者の従属状態、経済的困窮もしくは緊急の必要に、またはその当事者の無思慮、無知、経験の浅さもしくは交渉技術の欠如に、相手方が不当につけ込んだという事実、(b)その契約の性質および目的」と規定していることから、このような過大な不均衡（gross disparity）を含む契約の解釈による対応（lex mercatoria による解決）を示唆していると指摘していることである[53]。第2は、「将来の貸付契約において私的自治に限界があることを当事者に警告する」という odious debt ドクトリンの目的を達成するためには、貸付契約を無効とするだけではなく、貸手による返還請求を不当利得ゆえに否認すべきであると指摘していることである[54]。第3は、odious debt を肯定す

る立場からは、今日では *pacta sunt servanda* は絶対的ではなく、消費者法同様に、力の格差がある状況下では odious debt は認められるべきであると指摘していることである。他方、odious debt への批判として、貸手が貸付をためらいその結果として途上国の生活条件が一層悪化するおそれがあると指摘する[55]。

この odious debt の是非をめぐる問題が現実に生じた最近の例は、イラクのフセイン政権が負った債務を新政権は承継しなければならないかという問題に関してであった。新政権によるイラク債務承継は否定されると主張するKremer（ハーバード大学経済学教授）らは、odious debt に関して次のように述べる。①債権者は、odious debt ゆえに返済を受けることが期待できないとなれば、抑圧的な政府に貸付をすることを再考するであろう。②どの貸付が正当であり、どの貸付が odious で無効であるかを、事前に明確に決定するシステムが必要である。③特定の政府が忌むべき政府であって当該体制に対する将来の貸付は正当ではないと宣言することは、標的国への資金の流れを止める「貸付制裁(loan embargo)」となり、債権者は、当該体制に対する貸付を利潤を生まないとの理由で停止するであろう。④国連安保理が、現行の独裁政権による借入は当該体制の責任であって当該国の人民または将来の政府の責任ではないと宣言すれば、この制裁は債権者による貸付をためらわせることとなろう[56]。

もっとも、イラク債務問題に関しては、odious debt をどう考えるかという議論よりも現実の方が先行したと言える。即ち、2004 年 11 月 21 日にパリ・クラブの債権諸国とイラクは、イラクの債務救済について合意に達した。その内容は、イラクの負う債務 389 億ドルに関して以下のような「例外的待遇」を行うというものであり、第 1 段階として債務の 30％を直ちに削減する、第 2 段階として IMF のプログラムが承認され次第、債務の 30％を追加削減し、残りの債務については 6 年の猶予期間を含めて 23 年に返済を繰り延べる、第 3 段階として IMF プログラム実施 3 年後の中間審査を経た上で、債務の 20％を追加削減する、というものである。総計 80％の削減での合意の背景には、イラクに対する債権額はさほど大きくはなくイラク復興についての障害を可能な限り取り除きたい米国（債務の 95％以上の削減を主張したとされる）とイラクに多

額の債権を有するフランス（50％程度の削減におさえるべきと主張したとされる）との対立があったとされ、80％という数字は両者間の妥協の産物と考えられるが、相当に高い削減比率となったことの背景には、Jubilee Iraq 等の NGO によるイラク債務削減の働きかけも多少とも影響したと言えよう。米国は、その後、2004 年 12 月 17 日には、米国はイラクが米国に対して負う債務約 41 億ドルを全額免除することでイラクと合意した。イラクに対して世界で最大額の公的債権を有するといわれるわが国では、上記のパリ・クラブでの合意をふまえて、2005 年 11 月 24 日にイラクに対する債務救済措置に関する 2 つの交換公文がかわされた [57]。対象となる債権は、イラク政府が日本政府（国際協力銀行）に対して負う債務約 830 億円および日本政府が保険を引き受けた商業上の債務約 8,060 億円（円建債務約 7,900 億円、米ドル建債務約 1 億 4,000 万ドル）である。債務救済実施の方法は、3 段階に分けて総計 80％の債務削減を実施するというものであり、第 1 段階として、署名後に 30％の債務を削減する、第 2 段階として、イラク政府による IMF プログラムへの同意を条件として、削減率を 60％まで引き上げ、残りの債務を償還期間 23 年（据置 6 年）にて返済する、第 3 段階として、IMF によるプログラムの最終審査の終了を条件として削減率を 80％まで引き上げる。遅延金利は、円建債務につき年 2.571％、米ドル建債務につき年 4.854％とする。

　イラク債務問題の処理は、同国の安定のためには不可欠なものであったが、世界の債務再編問題を全体として見た場合には、イラクという資源国がアフリカの最貧困諸国に比べて優遇されすぎたという批判もあり得よう。1 つの処理方式として、イラクのように石油等の資源を豊富に有する本来的には豊かな国家に対しては、このような公平性の観点からも、また、債権国の納税者の理解を得るためにも、将来開発される資源の一部を担保にすること（資源とのスワップ）または将来資源が開発された場合には、その一部分は優先的に債権国に供給することを条件とすることも考えられるのではないか。

　odious debt をめぐる法律問題の処理のために、紛争処解決機関を整備すべきとの提案が時になされることがある。たとえば、Paulus は、そのような紛争解

決機関としては、世界貿易機関 (WTO) の紛争解決機関および特別の常設的な機関が考えられるとし、後者は国連貿易開発会議 (UNCTAD) などの国連機関の下で設置すべきだとする (Paulus は、イラン・米国請求権裁判所のようなアドホックな仲裁は当事者間の力のバランスゆえに望ましくないとし、また事案毎の異なる仲裁は判断の素材となる先例の蓄積という点で問題があるとする [58])。しかしながら、上記のような事例が存在する以上、実際にそのような紛争処理機関の整備は必ずしも喫緊の課題とは言いがたいことに加えて、よりコストがかからずまたより柔軟な対応が可能な *ad hoc* の仲裁を否定することは、合理的な見解とは言い難い。なお、もし紛争解決機関を構想するのであれば、国家債務問題には、債権国、債務国以外にも民間債権者をはじめとするステークホルダーが存在するため、また債権国の中には OPEC 諸国のようにパリ・クラブのメンバー以外の諸国もいるため、それらが一堂に会して調整が可能となるようなメカニズムを構築することが望ましいといえよう (もし仲裁ということであれば、それは多面訴訟ということになろう [59])。旧政府の負った債務が odious であるから新政府は承継しないか否かという判断は、あくまでも債務再編過程全般の中で扱われるべきであろう。

odious debt と経済制裁との関係については、次のように整理することができよう。第 1 に、独裁国家や国際法違反国への貸付は、国際法上の国家責任の問題はともかく [60]、貸付国に道義的な責任の問題を生じさせかねない。第 2 に、独裁政権への貸付を禁止することは、人民の利益に反する債務の償還の負担を減らすため結果として人民の利益に資し、また貿易制裁のように無辜の人民への損害という副作用の問題は一般には生じないため、政策的には一般に positive に評価されよう [61]。この独裁政権への貸付禁止の考え方自体は、わが国の政府開発援助大綱のいわゆる ODA 4 原則とも通底するものである。第 3 に、このような貸付禁止措置は、smart sanctions (経済制裁への無辜の人民への悪影響を少なくする反面、有責者への損害を極大化させるという経済制裁のあり方であり、独裁国家の政府高官らの銀行預金の凍結はその主要な手段の 1 つである) [62] や「人民の富の収奪 (indigenous spoliation)」概念 (独裁国家における首脳らの資産特に金融資

産は、民衆の資産を搾取したものであるから、民衆に返還されるべきであるという考え方) [63] とともに、国際金融分野における独裁国家への対応として手法の開発が強く求められるものであるといえよう。第4に、独裁的な政府の負う債務はodious debt であるとの考え方が一般的となり、そして具体的案件との関連でたとえば国連安保理決議において（あるいはパリ・クラブや主要債権諸国において）もしそのように認定されれば、債権国は当該政権が崩壊すれば当該債務が焦げついてしまうことを恐れて貸付を渋るようになろう。このような言動は、金融制裁（貸付禁止）自体が発動されていない場合には、金融制裁と事実上同様の効果が期待できる措置となろう。他方、金融制裁（貸付禁止）が既に発動されている場合には、金融制裁破りをしてまで貸付をするインセンティブを削ぐ効果を有する措置となろう [64]。

　他方、odious debt に関しては、これを安易に認めると、債務国にモラルハザードを引きおこすことになるのではないかという問題、および、債権者が債務不履行となることを恐れて独裁政権のみならず途上国一般への貸付を現在以上にためらって途上国には必要な資金が得られなくなるのではないかという問題が生じかねない。もっとも現実を見る限り、債務国の新政府が odious debt を安易に主張することは一般にはない [65]。また、たとえこれらの問題が生じうるとしても、odious debt として支払が免責される債務の範囲をある時点（たとえば重大な国際法違反が発生した時点）以降に契約された債務に限定することによって、不都合は相当程度、回避されよう。もっとも、これを厳格に行なうためには、当該時点を認定しまた当該時点以降の債務は odious debt であるとの宣言をする公平な第三者機関が創設される必要がある [66] が、そのような公平な第三者機関の創設がおよそ望めない現状では、パリ・クラブ債権諸国がこれらの問題の存在を認識した上で総合的に合理的な政策判断を行なうことに期待せざるを得ないであろう。

## 5. おわりに

　途上国債務問題については、以前と比べて近年では、政策問題として扱えば
十分であると考えられるほどに、主要な国際法上の争点とはならなくなってい
る。その主たる要因は、先進債権諸国による債務の放棄や繰延である。しかし
ながら、今後においては、先進諸国における財政赤字の拡大や説明責任の厳格
化とともに、債務放棄・繰延や非民主主義政府への貸付の是非が自国の納税者
の理解をどこまで得られるかという財政民主主義の観点からチェックされ、国
際法上の問題として争点化する必要性が生じることは十分に予想できる。その
際には、本稿でふれたような国際法の原則に立ち返っての考察をすること、お
よび、債権国・債務国間の衡平に合致した負担の分配のための方策を勘案する
ことが極めて重要となろう。

注

1　この課題については、以前、簡単に検討したことがある。拙稿「国際法治主義の地平」
　岩村正彦他編『岩波講座 現代の法 2 国際社会と法』(岩波書店、1997 年)、142-144 頁。

2　Guido Acquaviva, The Dissolution of Yugoslavia and the Fate of Its Financial Obligations,
　*Denver Journal of International Law and Policy*, Vol.30 (2002), pp.208-209. なお、旧ユーゴス
　ラビア連邦の金融資産の承継問題については、2001 年 6 月 29 日の承継協定 (2004
　年 6 月 2 日発効) により、崩壊前の予算割合および人口比を基準として、新ユー
　ゴ (FRY) 38％、クロアチア 23％、スロベニア 16％、ボスニア・ヘルツェゴビナ
　15.5％、マケドニア 7.5％の割合で承継がなされることが合意された。*ILM*, Vol.XLI
　(2002), pp.25-29 (Annex C).

3　たとえば、Edwin Borchard, *State Insolvency and Foreign Bondholders*, Vol.2 (1951) では、メ
　キシコおよびペルーの 1820 年代からの債務問題が検討に含まれているし、Ernst H.
　Feilchenfeld, *Public Debts and State Succession* (1931), p.17 では、アレクサンダーによる
　Thebe の征服およびカエサルによる Dyrrhachium 征服においては、これらの都市の
　一定の債務者は債務から免れることが征服者によって認められたとする。

4　August Reinisch, *State Responsibility for Debts* (1995), pp.12-13.

5　本条約作成のきっかけは、1902 年 12 月 20 日に、英国、ドイツおよびイタリアの
　軍艦がベネズエラの沿岸を封鎖したことに対して、同 29 日にアルゼンチンのドラ
　ゴ外相が、債務支払を強制するため欧州列強が米州への武力干渉をすることは、国
　際法にもモンロー・ドクトリンにも反するとして抗議したことにある。John Bassett
　Moore, *A Digest of International Law*, Vol. 6 (1906), pp.592-594. 外交交渉による債務問題

の解決が首尾よくいかなかったため、同 11 日に英国はベネズエラ港湾の封鎖を命令し、同 13 日にベネズエラは仲裁付託を提案したが、この提案は無視されて同 20 日に 3 国による封鎖となった。米国、メキシコ、スペイン、フランス、ベルギー、オランダ、スウェーデン、ノルウェーもベネズエラに対して債権を有し外交上の請求は行なったが、実力行使には至らなかった。債権諸国との交渉において、ベネズエラは関税からの支払を提案したが、英国、ドイツおよびイタリアは、自国への優先支払を主張したため、1903 年 5 月 7 日の仲裁付託合意に基づき、この問題が仲裁付託されることとなった。1904 年 2 月 22 日の仲裁判決では、英国、ドイツおよびイタリアの優先権が認められた。その理由としては、これら 3 封鎖国との 1903 年 2 月 13 日の議定書においては、「ベネズエラ政府は当該政府によって優先される請求の妥当性を原則として承認する」（各第 1 条）となっているのに対して、他の債権諸国との議定書にはそのような文言はないこと、3 国による主張に対して 1903 年 1 月末までベネズエラ政府による抗議がなかったこと、ベネズエラ自身が外国交渉において 3 封鎖国（同盟諸国）とそれ以外の諸国（中立諸国）を、区別していたこと、中立諸国は 3 封鎖国の主張に対して上記の議定書署名時には抗議しなかったこと等を挙げた。*Reports of International Arbitral Awards*, Vol.9 (1974), pp.103-110; Michael Silagi, Preferential Claims against Venezuela Arbitration, *Encyclopedia of Public International Law*, Vol.2 (1981), pp.234-235; Wolfgang Benedek, Drago–Porter Convention (1907), *Encyclopedia of Public International Law*, Vol. 8 (1985), pp.141-143.

**6**　これらの課題につき、拙稿「経済制裁の国際法上の機能とその合法性(2)」『国家学会雑誌』100 巻 7・8 号（1987 年）、119-134 頁および「国家の単独の決定に基づく非軍事的制裁措置」『国際法外交雑誌』89 巻 3・4 号（1990 年）、19-21 頁。

**7**　Ludwig Leyendecker, *Auslandsverschulung und Völkerrecht* (1988), p.25 (cited by Reinisch, *supra* note 4, p. 52, note 227).「一方が非国家主体であるから即、国内法準拠」というこの PCIJ の考え方は、その後の国際法の進展や一方を現地政府、他方を石油等の鉱物資源を開発する外国企業とするコンセッション契約等の扱いに照らしたとき、もはや完全には妥当するとは思われないが、この点の検討は省略する。なお、Reinisch, *supra* note 4, pp.51-52 では、国家間の借款合意については国際法を準拠法とすると推定することが合理的であるとし、特に国連条約集や各国の法令集に登録されるものについてはそう考えることができるとする。

**8**　Reinisch, *supra* note 4, pp.51-54.

**9**　Michael Bothe, and Josef Brink, Public Debt Restructuring: The Case for International Economic Co–operation, *German Yearbook of International Law*, Vol.29 (1986), pp.92-93. なお、同論文では、条約法上の不履行原因と国家責任法上のそれとが区別されずに検討されているので注意を要する。両者の関係を一般的にどうとらえるかは難問であり、ここでは検討はできない。この主題については、長谷川正国「条約違反に対する対抗措置 (1) ～ (3・完)」『福岡大学法学論叢』32 巻 3・4 号（1988 年）、459-493 頁、34 巻 2 ～ 4 号（1990 年）、373-407 頁、35 巻 1 ～ 3 号（1990 年）、173-226 頁参照。

**10**　*Reports of International Arbitral Awards*, Vol.10, p.353.

**11**　*Reports of International Arbitral Awards*, Vol.11, p.443.

**12** *Yearbook of the International Law Commission*, (1979), Vol.II, Part 2, pp.127-128; *Yearbook of the International Law Commission*, (1980), Vol.II, Part 2, pp.36-37.

**13** James Crawford, *The International Law Commission's Articles on State Responsibility* (2002), pp.172, 180; Reinisch, *supra* note 4, p.63.

**14** *International Law Association Report of the Sixty–Third Conference* (1988), pp.21-22.

**15** Reinisch, *supra* note 4, pp.64-70.

**16** *ICJ Reports 1969*, p.47.

**17** Bothe and Brink, *supra* note 9, p.107.

**18** Reinisch, *supra* note 4, p.29.

**19** *PCIJ Ser. A/B*, No.78, p.177.

**20** Reinisch, *supra* note 4, p.30.

**21** *International Legal Materials*, Vol.XXIII (1984), p.117.

**22** この点につき、中谷・前掲論文（注1）および Kazuhiro Nakatani, Diplomacy and State Responsibility, *in* Maurizio Ragazzi, (ed.), *International Responsibility Today* (Essays in Memory of Professor Oscar Schachter) (2005), pp.37-47 参照。

**23** *Reports of International Arbitral Awards*, Vol.25 (2005), pp.21-82. なお、同判決の要旨は、P. Hamilton, et al. (eds.), *The Permanent Court of Arbitration: International Arbitration and Dispute Resolution* (1999), pp.202-205 において紹介されている。

**24** *Reports of International Arbitral Awards*, Vol. 25 (2005), pp.72-76.

**25** この主題（特に国家責任法の理論と国際関係の現実との乖離）につき、中谷・前掲論文（注1）、131-152 頁参照。

**26** パリ・クラブについては、国際法の観点から検討したものとして、Christina Holmgren, *Le renégociation multilaterale des dettes: le Club de Paris au regard du droit international* (1998)、邦文のものでは、栗原毅「『債務のパリ』入門」『ファイナンス』(2005 年 5 月)、15-43 頁、松井謙一郎『パリクラブ』（財経詳報社、1996 年）、その他、Alexis Rieffel, *Restructuring Sovereign Debt* (2003), pp.57-94 (Chapter 5, The Paris Club) ; Alexis Rieffel, The Paris Club, 1978–1983, *Columbia Journal of Transnational Law*, Vol.23 (1984), pp.83-110; Alexis Rieffel, *The Role of the Paris Club in Managing Debt Problems* (Essays in International Finance No. 161, 1985) ; David Lawson, *Le Club de Paris* (2004) ; David Sevigny, *The Paris Club* (1990)。 パリ・クラブのホームページ http://www.clubdeparis.org (as of 24 October 2007) が 2001 年に開設されるまでは、パリ・クラブの原則および規則は公表されていなかった (Rieffel, *ibid.*, p.68)。

**27** 栗原・前掲論文（注 26）、26 頁。

**28** Holmgren, *supra* note 26, p.219, note 17 では、米国の署名は仮署名であるとする。リスケジュール会合では、債務国側からのリスケ条件の提案の後、債権国間のみで債権国案をコンセンサスに基づき作成し、議長がこれを債務国側に提示する。債務国側がこの債権国案に合意せず再提案があった場合には、再度債権国間で検討して第 2 次案を作成し、議長が債務国側に提示する。このようにして合意に達するまでこのプロセスが繰り返される。栗原・前掲論文（注 26）、24 頁。この過程で、債務国代表と比べて債権国代表は下位の官職にあること、債務国代表の発言が無視されることも

あることなどから、債務国の威厳を確保すべきだと感じる者もいる。Nihal Kappagola, "The Paris Club, a developing–country point of view," *in* Sevigny, *supra* note 26, pp.6-7.

29　*U.S. Treaties and Other International Agreements*, Vol.34, Part 2, pp.1987-2009.

30　我が国においては、合意議事録を受けて、債権国と政府間交換公文を閣議決定に基づいてとりかわして、債務国政府との間での公式合意とした上で、さらに実際に債権を保有している国際協力銀行 (JBIC) の当初貸付契約を修正するなどの所要の手続をとることとなっている。栗原・前掲論文 (注 26)、24 頁。

31　*ICJ Reports 1994*, p.122.

32　Holmgren, *supra* note 26, p.218.

33　*Ibid.*, pp.218-219.

34　*Ibid.*, pp.220-221. 他方、債務国の中には合意議事録を拘束力あるものと見る国家もないわけではない。たとえば、コスタリカでは、議会に批准承認を求め、また官報に掲載する。Ibid., p.221.

35　栗原・前掲論文 (注 26)、27-29、33 頁。

36　同上論文、30-31 頁。

37　同上論文、34 頁。

38　同上論文、36-38 頁。この他に、トロント・ターム、ロンドン・ターム、リヨン・タームがあったが、前 2 者はナポリ・タームに、リヨン・タームはケルン・タームにとってかわられた。

39　なお、HIPCs への債務削減の合意形成過程において、NGO (特に Jubilee 2000) が果たした役割は小さくないと考えられる。この点につき、Nick Buxton, Debt Cancellation and Civil Society: A Case Study of Jubilee 2000, *in* Paul Gready, (ed.), *Fighting for Human Rights* (2004), pp.54-77。

40　栗原・前掲論文 (注 26)、40-41 頁。

41　Alexander N. Sack, *Les effets des transformation des Etats sur leur dette publiques et autres obligations financièrs* (1927), p.157.

42　*Ibid.*, p.158.

43　Moore, *supra* note 5, Vol.1 (1906), p.358; James L.Foorman, and Michael E. Jehle, Effects of State and Government Succession on Commercial Bank Loans to Foreign Sovereign Borrowers, *University of Illinois Law Review* 1982, p.23.

44　*Reports of International Arbitral Awards*, Vol.1, p.394.

45　*Yearbook of the International Law Commission*, (1977), Vol.II, Part 1, pp.67-74.

46　*Yearbook of the International Law Commission*, (1981), Vol.II, Part 2, p.79.

47　*Iran–US Claims Tribunal Reports*, Vol.32, pp.175-177.

48　*Iran–US Claims Tribunal Reports*, Vol. 8, p.446-447.

49　District Court, N.D. Alabama, E.D, 550 *Federal Supplement* 869.

50　Circuit Court of Appeals, Second Circuit, 21 *Federal Reporter, 2nd Series*, 401 (Moore, *supra* note 5, Vol.1 (1906), p.249 からの引用)。

51　Ashfaq Khalfan, Jeff King, and Brian Thomas, *Advancing the Odious Debts Doctrine* (CISDL Working Paper, 2003), pp.13-20.

**52** Gunter Frankenburg, and Rolf Knipper, Legal Problems of the Overindebtedness of Developing Countries: The Current Relevance of the Doctrine of Odious Debt, *International Journal of the Sociology of Law*, Vol. 12 (1984), p.430 (Sack, supra note 41, p.163 を引用して論じている).

**53** Christoph G. Paulus, Do Odious Debts Free Over-indebted States from Debt Trap? *Uniform Law Review* (2005), pp.477-478. 当該条項の訳は、曽野和明・廣瀬久和・内田貴・曽野裕夫訳『UNIDROIT 国際商事契約原則』(商事法務、2004 年)、78 頁によった。

**54** *Ibid.*, pp.481-482.

**55** *Ibid.*, pp.473-474.

**56** Seema Jayachandran, and Michael R. Kremer, A Dictator's Crippling Debts, *Harvard Magazine* (July–August 2003), p.31. Seema Jayachandran, and Michael R. Kremer, Odious Debt, *American Economic Review*, Vol. 96, No.1 (2006), pp.82-92 も参照。 なお、イラクがフセイン政権下で負った債務は odious debt であるという主張は、その他にも、たとえば Patricia Adams, *Iraq's Odious Debts* (Cato Institute Policy Analysis No.526 (2004)) においてなされている。

**57** 外務省告示 1166 号 (2005 年 12 月 14 日)、http://www.mofa.go.jp/mofaj/press/release/17/rls_1124c.html (as of 24 October 2007)

**58** Paulus, *supra* note 53, pp.482-483.

**59** 多面訴訟の活用は、カスピ海や南沙諸島などの 3 か国以上が権利を主張する境界未画定海域紛争への国際裁判による対処として考案するに値しよう。この点につき、拙稿「国際法における境界の位相」塩川伸明・中谷和弘編『法の再構築 II 国際化と法』(東京大学出版会、2007 年)、78-79 頁参照。

**60** この点につき、中谷・前掲論文 (注 1)、139-140 頁参照。

**61** Michael Kremer, and Seema Jayachandran, Odious Debt, *The Brookings Institution Policy Brief #103* (2002).

**62** smart sanctions につき、拙稿「現代における経済制裁と交戦・中立法および国際人道法との関係」村瀬信也・真山全編『武力紛争の国際法 (石本泰雄先生傘寿記念論文集)』(東信堂、2004 年)、311-313 頁および同「安保理決議に基づく経済制裁」村瀬信也編『国連安保理の機能変化』(東信堂、2009 年) 82-85 頁参照。

**63** 「人民の富の収奪」概念につき、拙稿 (注 1)、140-142 頁参照。

**64** 小林慶一郎「北朝鮮独裁体制揺さぶりには体制崩壊後の債務免除が有効か」『週刊ダイヤモンド』(2006 年 12 月 16 日)、27 頁では、北朝鮮の現政権が負う債務を odious と認定すると、現政権は外国銀行や企業から借金ができなくなるため、通常の貿易面での経済制裁よりも実効性が高まるものと思われると指摘する。

**65** たとえば、アパルトヘイト後の南アフリカ政府は、アパルトヘイト時代の南アフリカ政府が負った債務は odious debt だとは主張せず、債務を償還した。odious debt を主張して対外的信用を失うよりも、債務償還をして対外的信用を獲得するほうが中長期的にははるかに得策であると合理的に判断した結果であろう。

**66** Kremer et al., *supra* note 61, p.6.

［付記］　脱稿（2006年3月8日）後に、アルゼンチン国家債務の不返済が緊急避難として違法性が阻却されるか否かに関して相反する複数の仲裁判断に接した。この点を含め国家債務問題については、「ロースクール国際法第3回 国家の対外債務は返済しなければならないか」『法学教室』333号（2008年6月号）、112-118頁に執筆した（拙著『ロースクール国際法読本』（信山社、2013年）29-39頁に再録）。

## 本書刊行に際しての補足

1　初出は、「国家債務問題と国際法」中川淳司・寺谷広司編『国際法学の地平 大沼保昭先生記念論文集』（東信堂、2008年）528-556頁。 先進国の債務問題との区別を明確にするため、本書では、「途上国債務と国際法」と改題した。先進国債務問題は、事案毎の tailor made approach が必要であり、また一般には債務額が大きいため世界経済に与える影響をより勘案する必要があるのに対して、途上国債務問題については、本文でみたようにパリ・クラブによるパターン化した処理が可能であり、債務額も一般にはさほど大きくないという点が異なる。

2　私自身は、その後、次の論考を発表した。「イタリア・コスタリカ借款事件仲裁判決」『東京大学法科大学院ローレビュー』第6巻（2011年）246-256頁 http://www.sllr.j.u-tokyo.ac.jp/06/papers/v06part13(nakatani).pdf

3　中国の巨大経済圏構想「一帯一路」では、「債務の罠」が懸念され、貸手責任が問われる状況となっている。2019年6月8-9日に福岡で開催されたG20財務大臣・中央銀行総裁会議の声明第6パラグラフでは、「我々は、債務の透明性を向上し、債務の持続可能性（debt sustainability）を確保するための、債務者及び公的・民間の債権者双方による協働の重要性を再確認する。我々は、IMF及び世銀グループによる、新たに生じつつある債務脆弱性に対処するための『様々な角度からのアプローチ』の直近の進捗に関するアップデートを歓迎し、更なる実施を支持する。とりわけ、我々は、IMF及び世銀グループに、債務の記録・監視・報告、債務管理、公的財政管理、国内資金動員の分野における債務者の能力強化のための取組を継続することを求める。我々は、IMF及び世銀グループに、債務上限ポリシー及び非譲許的借入ポリシーの見直しの文脈で、担保付貸付の慣行の分析を引き続き深めることを奨励する」とした。それとともに、国際法学の立場からは、イタリア・コスタリカ借款事件仲裁判決にも留意する必要があると思われる。

4　憎忌債務についてはいくつかのモノグラフが刊行されたが、特に注目されるのは Jeff King, *The Doctrine of Odious Debt in International Law:A Restatement* (Cambridge University Press, 2016) であり、同書では、関連する債務を war debts, subjugation debts, illegal occupation debts, corruption debts に分類して実例を検討している。

5　パリ・クラブは現時点まで、90の債務国に対して計433の合意を締結し、累計額は5830億ドルに達している。パリ・クラブの現メンバーは22（ブラジル、イスラエル、韓国が加わった）、*ad hoc* の債権国については、メンバーとなったこれら3か国は抜け、他方、中国、チェコ、インドが加わった。

## 著 者

中谷　和弘（なかたに　かずひろ）

1960 年 5 月　東京に生まれる
1983 年 3 月　東京大学法学部卒業
1983 年 4 月　東京大学法学部助手
1986 年 4 月　東京大学法学部助教授
1999 年 4 月　東京大学大学院法学政治学研究科教授（現在に至る）
専攻：国際法
著書：『安全保障と国際犯罪』（共編著、東京大学出版会、2005 年）、『国際化と法』（共
　　　編著、東京大学出版会、2007 年）、『人類の道しるべとしての国際法』（共編著、
　　　国際書院、2011 年）、『ロースクール国際法読本』（信山社、2013 年）、『国際
　　　法 第 3 版』（共著、有斐閣、2016 年）、『サイバー攻撃の国際法』（共著、信山社、
　　　2018 年）、『グローバル化と法の諸課題』（共編著、東信堂、2019 年）
　　　著作一覧：http://www.j.u-tokyo.ac.jp/faculty/nakatani_kazuhiro/

国際法・外交ブックレット①

為替操作、政府系ファンド、途上国債務と国際法

2020 年 1 月 10 日　　初 版第 1 刷発行　　　　　　　　　　　　　　〔検印省略〕

定価は表紙に表示してあります。

著者ⓒ中谷和弘／ 発行者　下田勝司　　　　　　　　　　　印刷・製本／中央精版印刷株式会社

東京都文京区向丘 1-20-6　　　郵便振替 00110-6-37828

〒 113-0023　TEL (03) 3818-5521　FAX (03) 3818-5514
Published by TOSHINDO PUBLISHING CO., LTD.
1-20-6, Mukougaoka, Bunkyo-ku, Tokyo, 113-0023, Japan
E-mail : tk203444@fsinet.or.jp  http://www.toshindo-pub.com

発 行 所
株式会社 東 信 堂

ISBN978-4-7989-1601-9 C3032　　Copyright ⓒ Nakatani Kazuhiro

# 東信堂

|  |  |  |
|---|---|---|
| 国際法新講〔上〕〔下〕〔二〇一九年版〕 | 編集 田畑茂二郎 | 〔上〕二九〇〇円 〔下〕二七〇〇円 |
| ベーシック条約集〔二〇一九年版〕 | 編集代表 薬師寺・坂元・浅田 | 二六〇〇円 |
| ハンディ条約集〔第2版〕 | 編集代表 薬師寺・坂元・浅田 | 一五〇〇円 |
| 国際環境条約・資料集 | 編集 松井・富岡・田中・薬師寺・坂元・西村 | 八六〇〇円 |
| 国際人権条約・宣言集〔第3版〕 | 編集 坂元・高村・西村 | 三八〇〇円 |
| 国際環境条約・資料集〔第3版〕 | 編集 松井・薬師寺・徳川 | 三三〇〇円 |
| 国際機構条約・資料集〔第2版〕 | 編集代表 香西茂 安藤仁介 | 三八〇〇円 |
| 判例国際法〔第3版〕 | 編集代表 薬師寺・坂元・浅田・酒井 | 三九〇〇円 |
| 日中戦後賠償と国際法 | 浅田正彦 | 五二〇〇円 |
| 国際法〔第4版〕 | 浅田正彦編著 | 二九〇〇円 |
| 国際環境法の基本原則 | 松井芳郎 | 三八〇〇円 |
| 講義 国際経済法 | 柳赫秀編著 | 四六〇〇円 |
| 国連の金融制裁—法と実務 | 吉村祥子編著 | 四六〇〇円 |
| 新版 国際商取引法 | 高桑昭 | 三二〇〇円 |
| 国際民事訴訟法・国際私法論集 | 高桑昭 | 三六〇〇円 |
| 21世紀の国際法と海洋法の課題 | 編集 薬師寺・桐山・西村 | 六五〇〇円 |
| 国際海洋法の現代的形成 | 田中則夫 | 七八〇〇円 |
| 国際海峡 | 坂元茂樹編著 | 六八〇〇円 |
| 条約法の理論と実際 | 坂元茂樹 | 六八〇〇円 |
| 国際立法—国際法の法源論 | 稲垣治 | 四六〇〇円 |
| 北極海のガバナンス | 柴田明穂編著 | 四二〇〇円 |
| 北極国際法秩序の展望…科学・環境・海洋 | 奥脇直也 城山英明 編著 | 五八〇〇円 |
| 小田滋・回想の海洋法 | 村瀬信也 | 三六〇〇円 |
| 小田滋・回想の法学研究 | 小田滋 | 六八〇〇円 |
| 国際法と共に歩んだ六〇年—学者として裁判官として | 小田滋 | 七六〇〇円 |
| 21世紀の国際法秩序—ポスト・ウェストファリアの展望 | 小田滋 | 四八〇〇円 |
| 国際法から世界を見る—市民のための国際法入門〔第3版〕 | R・フォーク 川崎孝子訳 | 三八〇〇円 |
| 国際法／はじめて学ぶ人のための〔新訂版〕 | 松井芳郎 | 六八〇〇円 |
| 国際規範としての人権法と人道法 | 大沼保昭 | 三八〇〇円 |
| 為替操作、政府系ファンド、途上国債務と国際法 | 篠原梓 | 各二八〇〇円 |
| グローバル化と法の諸課題—グローバル法学のすすめ | 中谷和弘 | 三六〇〇円 |
|  | 阿部克則 高山佳奈子 中谷和弘 編著 | 三六〇〇円 三三〇〇円 一〇〇〇円 三三〇〇円 一二〇〇円 |

〒113-0023　東京都文京区向丘1-20-6　TEL 03-3818-5521　FAX03-3818-5514　振替 00110-6-37828
Email tk203444@fsinet.or.jp　URL:http://www.toshindo-pub.com/
※定価：表示価格（本体）＋税